천 년을 이어 온
마음 수련법

좌선의

천 년을 이어 온

마음 수련법

좌선의

혜거 지음

책으로여는세상

오늘의 삶은 지난날에 정해져 있었고
보이지 않는 미래는 오늘에 의해 만들어진다

자각종색 선사가 쓴 「좌선의」는 참선 수행의 지침서로서, 중국 선종을 일으킨 선禪 수행자의 양식이 되어 온 보물 같은 책이다.

「좌선의」가 선 수행자의 보고寶庫인 『선원청규禪院淸規』에 수록되어 있다는 것은 선 수행자의 청규 속에 반드시 깨달음의 수칙이 전제되고 있다는 사실을 말해주는 것이다. 선종의 독자적인 수도 규칙인 청규를 창시해 선종 독립의 기초를 수립한 백장회해百丈懷海 선사는 선 수행자들이 준수해야 할 덕목이 인욕과 헌신, 노동이라는 새로운 사상을 주창해 '하루 일하지 않으면 하루 먹지 말라一日不作 一日不食'는 강령을 선포해 실천함으로써 새로운 불교문화를 수립했다.

특히「좌선의」는 선禪 수행의 필수 지침서다. 종교를 떠나 사람이라면 누구라도 자신의 몸과 마음을 극복하고 집중력을 키우고 지구력을 길러 큰 지혜를 성취할 수 있어야 하는데,「좌선의」는 그러한 가르침이 녹아 있는 고전전집古典全集 가운데 가장 훌륭하고 희귀한 보서寶書라 하겠다.

보이지 않는 미래는 오늘에 의해 만들어지고, 오늘의 참된 삶은 지난날에 의해 정해져 있다고 할 수 있다. 그러므로 지난날의 내 삶을 거울에 비추듯 지금 반조해본다면 미래의 길은 더욱 더 훤히 열리게 된다.

옛길이 더 깨끗하고 고전古典이 더 소중한 것은 알지만 그 내용을 파악해서 실천하기란 쉽지 않은 일이다. 이러한 차원에서 고전을 우리 삶의 길잡이로 삼고자「좌선의」를 새롭게 재해석하게 되었다.

이 책이 주는 주옥 같은 가르침을 많은 사람들이 삶 속에서 실천해 가정 붕괴와 학교 폭력을 막고, 군대 문제와 세대 간의 갈등, 사회적 약자에 대한 소외 문제를 비롯해 우리 사회가 안고 있는 여러 고질적인 문제를 해결하고 치유할 수 있기를 바라는 마음 간절하다. 그리하여 우리 국민 모두가 각자 자기 마음의 중심을 되찾아 행복을 누리고 더불어 함께 나누는 삶을 살아가게 되기를 바란다.

2018년 3월 탄허기념박물관에서

혜거 합장

머리말

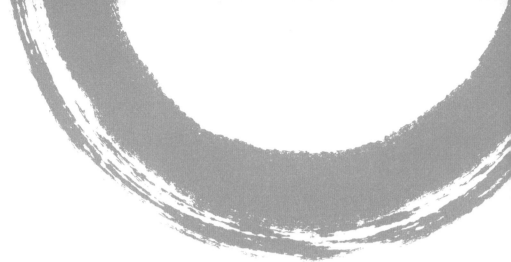

3장
좌선의 강의

위로는 도道를 구하고
아래로는 남을 위해 몸을 바치다

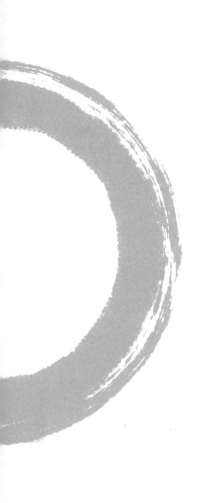

| 1장 |

선禪

넘치기 전에 들어내고,
넘어지기 전에 멈추다

선이란 무엇인가

'선禪'은 산스크리트어 '댜나dhya-na'의 음역인 '선나禪那'의 약
칭으로, 사유수思惟修, 정려靜慮라고도 번역한다. 사유수思惟修란
마음을 한 대상에 집중해 깊이 사유해 닦는 것을 뜻하고, 정려靜
慮란 고요히 생각한다는 뜻이다. 이러한 뜻을 종합해보면 '선禪'이
란 '마음을 한결같이 어느 대상에 집중하여 가라앉히고, 한 생각
을 깊이 사유해 사물의 본성을 깊이 파고드는 것'이라 할 수 있다.

선禪은 선정禪定이라고도 한다. 고요히 사유하는 것을 선禪이
라 한다면, 정定은 삼매三昧를 가리키는데 마음이 한 가지 대상에
집중하여 통일된 상태, 곧 몰입沒入 상태를 뜻한다. 이렇게 한 가
지를 깊이 사유하고 사유해 더 이상 사유할 수 없는 경지에 이르

러 시간과 공간이 끊어진 상태, 곧 절대적인 몰입 상태를 선정禪
定이라 하고, 선정禪定에 들고자 힘쓰는 것이 참선參禪이다. 한마
디로, 강한 집중 상태에서 나를 잊어버릴 정도로 한 가지 생각에
집중하고, 그 상태를 오랫동안 유지하는 훈련이라 할 수 있다.

부처는 태자 시절 왕국의 동서남북 네 문을 유관하다가 죽은
사람의 장례 행렬을 보고 '죽지 않는 법이 무엇일까?' 하는 의문
을 가지게 되었고, 그 의문은 곧 출가 동기가 되었다. 그리고 그
의문만 마음에 가득 사무쳐서 깨달음에 이를 때까지 이를 참구하
고 참구해 마침내 살고 죽음이 본래 없다는 이치를 깨닫게 되는
데, 이것이 곧 '성불成佛'이다.

한 가지 대상에 집중하는 몰입이 왜 필요한지는 따로 말할 필
요가 없다. 인간 세계의 문명은 모두 몰입하여 연구해서 얻어낸
결과이며, 철학적 사고와 종교적 사상 또한 몰입으로부터 나왔다
고 해도 지나친 말이 아니다.

둥근 물체가 굴러가는 것을 보고 수레를 만들고, 속이 빈 나무
쪽이 물에 떠내려가는 것을 보고 배를 만들고, 거미줄을 보고 그
물을 만들고, 새의 발자국을 보고 글자를 만들었다. 이런 현상은
현대에 들어와서도 마찬가지다. 사람의 눈을 본떠 사진기를 만들
고, 뇌를 본떠 컴퓨터를 만들었다. 이처럼 모든 문명과 문화는 관

찰과 살핌에서 비롯되었다. 그런데 관찰하고 살핀 사람은 수없이 많지만 모두가 사진기를 만들고 컴퓨터를 만든 것은 아니다. 큰 호기심과 의문을 가지고 깊이 관찰하고 몰입한 사람만이 그러한 일을 해낼 수 있었다.

내 안의 보물을 찾아가는 여정

참선參禪이란 사물에 대한 깊은 통찰력을 기르고, 자신의 내면 세계를 깊이 있게 들여다보는 과정이다. 그 과정을 통해 참된 자신을 만날 수 있고, 그 결과 자신의 마음을 다스릴 수 있게 된다. 결국 선禪을 통해 새로운 자신을 발견하고, 자기 정화를 모색할 뿐 아니라, 새로운 차원의 자기 발견을 통해 자신의 한계를 극복하는 것이라 할 수 있다. 이러한 선禪은 지식으로 이해할 수 있는 것이 아니라 몸으로 익혀야 하는 실천의 가르침이기도 하다.

선禪은 자기 내면의 보물을 찾아가는 여정이기도 하다. 그 여정은 자신이 이미 완전한 존재임을 깨닫는 과정이다. 만남 가운데 최고의 만남은 참된 자기 자신과의 만남이다. 참된 자신을 발견한 사람은 고통 가운데 있으면서도 고통이 없고, 원망 가운데 있으면서도 원망이 없으며, 탐욕 가운데 있으면서도 탐욕이 없고, 성냄 가운데 있으면서도 성냄이 없다.

참선이 자신의 내면세계를 되돌아보아 자기 안에 있는 보물을 찾는 것이라면, 자기 내면을 잘 들여다보아야 한다. 이때 자신의 내면을 들여다본다는 것은 자기 자신에 대해 생각해보는 것을 말한다.

참된 만남은 자신과의 만남

사람은 늘 다른 사람을 생각하고 주변의 사물을 생각한다. 그런데 정작 자기 자신에 대해서는 많이 생각하지 않는다. 수시로 거울을 들여다보기는 하지만 거울은 인간의 내면을 비추지 못한다. 그러므로 거울에 비친 자신의 모습을 보는 것은 참된 자신과의 만남이라 할 수 없다. 자기 자신과의 참된 만남을 이루기 위해서는 고요한 곳에서 자기 자신에 대해 깊이 생각해보아야 한다. 그것이 곧 자신과의 만남이다. 참선은 바로 그 만남을 가능하게 해준다.

참선은 삶과 죽음에서 벗어나 중생을 구제하고, 무구無垢의 청정국토清淨國土를 이루어 마침내 너와 내가 함께 깨달음에 이르는 데 그 목적이 있다. 이처럼 선禪의 목적이 성불이라면, 성불은 반드시 무아無我에서 가능하며, 무아無我의 경지는 자신을 철저히 비우는 것이고, 자신을 비운다는 것은 자기중심적인 생각, 곧 탐진치를 버리고 아상我相, 인상人相, 중생상衆生相, 수자상壽者相을 버리는 것을 말한다.

아상我相으로 인하여 자기중심적이고 이기적인 사람은 언제나 자기만을 생각하고 자기 뜻만 주장한다. 자신의 이기성이 더욱더 그를 자기중심적으로 만들어 급기야 자신과 남을 비참하게 만든다. 깨달음의 지름길은 이런 아집我執을 송두리째 잘라내는 것이다.

이기심으로 자기 둘레에 벽을 쌓는 사람은 자기 틀에서 벗어나지 못해 스스로 괴로움을 만들어 고통스러워할 뿐 아니라 다른 사람에게까지 괴로움을 준다. 그러나 다른 사람과 자신을 구별하지 않고 늘 남을 위해 최선을 다하는 사람은 순간순간 두려움이 없고, 모든 행동이 겸손하고 자비심이 넘쳐 이타적인 사람이 된다.

이러한 선禪의 본체를 한마디로 말하면 선나禪那(마음을 한곳에 모으고 고요히 생각하는 일) 곧 삼매를 닦는 것이라 하겠지만, 선禪 작용을 한마디로 말한다면 가장 큰 안정을 얻는 법, 가장 큰 안목을 얻는 법, 가장 큰 능력을 얻는 법으로, 한마디로 소인을 고쳐

대인이 되는 것이라 할 수 있다.

가끔 선을 한다면서 무엇을 얻으려고 하는 사람들을 보게 된다. 그런데 과연 선이 얻는 데 있는 것일까? 자신이 직접 수행하여 본질에 접근해보지 않고는 기미도 느낄 수 없는 것이 선이다. 선은 배우는 것이 아니다. 선은 체구연마體求鍊磨, 곧 직접 몸으로 실천 수행하면서 부딪쳐 깨달아야 하는 것이다.

세상의 지식은 하나씩 보태는 것이다. 본 것, 들은 것, 배운 것, 느낀 것을 하나씩 자기 안에 보태는 것이다. 많이 알고 많이 배운 사람을 박학다식하다고 하고, 일평생 학문 연구에 매진하는 사람을 지식인이라고 한다.

그러나 선은 하나씩 보태는 것이 아니라 하나씩 덜어내는 것이다. 탐진치를 덜어내고, 관념을 덜어내고, 평생 내 안에 쌓아놓았던 지식을 덜어내고, 본 것을 덜어내고, 들은 것을 덜어내고, 궁극에 가서는 수행해서 얻은 경지까지도 덜어내는 것이 진정한 선의 세계다. 곧 조금이라도 얻을 것이 있다면 그것은 선이 아니다.

선은 본래의 자기 자신에게로 돌아가는 작업이다. 관념을 버리고, 관습적 틀을 버리고, 지식을 버리고, 고집을 버리고, 더 이상 버릴 것이 없어야 본래의 자기에게 돌아갈 수 있다. 버린다는 그 생각까지도 버린 상태야말로 선의 궁극적인 도달처다.

참선의 역사

선禪의 방법이 구체적으로 제시된 것은 고대 인도의 선인仙人들이 명상을 통해 몸과 마음을 극복하고 예지를 얻은 데서 비롯되었다고 할 수 있다. 고대 인도에는 요가Yoga라고 부르는 명상법이 있었는데, 이는 인도의 여러 사상이나 종교와 철학을 비롯해 모든 사유의 뿌리가 되어 왔다. 선도 인도의 명상법인 요가와 무관하지 않다.

부처가 구법 수행하던 중 웃따까마라뿟따와 알라라까라마라는 수행자를 만나 4선정四禪定(욕계欲界를 떠나 색계色界에서 도를 닦는 초선, 이선, 삼선, 사선의 네 단계를 말함)과 8선정八禪定(4선정에 공무변처空無邊處, 식무변처識無邊處, 무소유처無所有處, 비상비비상처非想非非想處를 포함한 여덟 가지 선정)을 닦았다는 설이 있는 것으로 보아 이미 부처의 명상 수행의 극치가 선정에까지 이르고 있었음을 알 수 있다.

부처 역시 당시의 요가 수행법을 통해 현실의 괴로움과 고통에서 벗어나 영원한 안락인 해탈을 얻기 위해 수행했던 것이다. 여기서 부처는 8선정의 마지막 단계인 비상비비상처정非想非非想處定에 들어 법계의 무궁함과 능력의 무한함을 초탈하게 되었다고 하는데, 여기까지가 부처의 출가 당시 요가 명상을 수행하던 선인들의 완성 경지였다

그러나 전통적 요가 수행법으로는 진정한 해탈을 얻을 수 없다고 느낀 부처는 보리수나무 아래 정좌하고 생각하기를 '비록 이 몸이 죽게 되는 한이 있더라도 정등각正等覺을 얻기 전에는 이 자리에서 일어나지 않겠노라'고 굳게 결심하고는 선정에 들었다. 그리하여 시간을 잊고 자신을 잊은 채 앉아서 삶과 죽음을 뛰어넘는 진리를 깨닫게 되었다.

시간과 공간을 뛰어넘는 삼매 속에서 어느 날 새벽, 샛별이 반짝이는 것을 보고 홀연히 삶과 죽음이 없는 도리와 일체 만법의 본래 모습인 실상세계의 이치를 확연히 깨달았으니, 비로소 정등각을 이룬 것이다.

선은 석가모니 이래의 인도 불교에 그 기원을 두고 있으며, 오랜 역사를 통해 인도와 중국, 한국, 일본을 비롯한 여러 나라에서 그 민족의 문화와 시대적인 환경에 따라 조화를 이루며 발전해 왔다. 그 와중에 수행 방법과 선풍에 약간의 차이는 생겼지만 궁극적으로 수행을 통해 이르고자 하는 데 있어서는 부처의 가르침에서 크게 벗어나지 않는다.

오늘날 우리나라에서 수행되고 있는 선은 중국 선종의 가르침이다. 선종은 경전의 주석적 연구에 치중하는 교종과 달리 보리달마가 중국으로 건너가 오직 마음의 깨달음을 중시하면서 '경전 밖에 따로 전해지는 문자에 의존하지 않고, 바로 마음을 가리켜 견성하여 성불한다敎外別傳 不立文字 直指人心 見性成佛'는 기치를 내걸고 6조 혜능 선사 이후 독자적인 수행 방법과 규칙을 확립해 중국 불교의 최대 종파로 성장했다.

보리달마에 의해 전해진 선은 대승선大乘禪으로 대승불교의 사상을 실천 수행하는 반야공관般若空觀을 바탕으로 하는데, 이는 지혜와 자비를 구현하는 자기실현의 방법이다.

참선의 중요성

세상이 생긴 이래로 인간은 자연과 더불어 조화를 이루면서 살아왔고, 인간도 자연의 일부로서 중요한 역할을 담당해 왔다. 그러나 과학과 문명이 발달하면서 인간과 자연의 조화가 깨지기 시작했고, 그 결과 인간은 자연의 일부가 아니라 자연을 파괴하는 역할을 맡게 되었다. 이러한 자연 파괴로 지구는 생존의 위기에 처해졌으며, 이에 대해 인간은 응분의 책임을 지지 않으면 안되게 되었다.

과학의 발달은 인류의 삶을 급격하게 바꾸어 놓았다. 일상생활을 비롯해 모든 생활이 편리해지고 시간도 절약되었으며, 의학의 발달로 평균수명은 늘어났다. 컴퓨터는 집 안에 가만히 앉아서도 많은 일을 할 수 있게 했고, 매스컴과 출판의 발달로 인간은 정보의 홍수 속에서 살아가고 있다.

이런 생활은 언뜻 편리하고 좋아 보이지만 외부 세계의 급격한 변화만큼 미처 발달하지 못한 인간의 정신세계는 인간으로 하여금 자신들이 이루어 놓은 문명 세계로부터 소외감을 느끼게 만들었다. 그 결과 극도의 불안감을 느끼게 되면서 정신적으로 위기를 맞고 말았다. 이러한 상황에서 인간은 정신적 안정과 마음의 평화를 종교에서 찾고자 하고 있다. 바로 여기에 현대 종교가 해야 할 사회적 역할이 있다고 하겠다.

오랜 세월 인간의 내면과 정신 수행에 심혈을 기울여 온 불교는 다양한 수행법으로 인간의 정신적 안정과 마음의 평화를 위해 많은 기여를 해 왔다. 특히 불교의 수행법 가운데 선禪은 현대인의 정신적, 육체적 안정에 많은 영향을 미치고 있다.

이러한 선禪은 깨달음의 세계에 이르게 하는 불교의 실천수행 가운데 가장 으뜸이며, 죽고 사는 문제의 괴로움이 없는 자재해탈自在解脫의 피안의 세계로 이르게 하는 최상의 수행 방법이다. 뿐만 아니라 선은 현대문명이 만들어낸 물질문명과 과학의 발달로 인한 인간성 상실에 대처할 수 있는 가장 중요한 방편으로 주목받고 있다.

현대사회가 처한 위기를 극복하고 물질문명이 판치는 현대를 이끌어나갈 수 있는 자는 과연 누구일까? 그것은 인간 이외의 신도 부처도 아니며, 인간 각자의 자기비판과 자기성찰을 통한 깊은 자각만이 현대사회의 위기를 이겨나갈 수 있는 방편이라 하겠다. 결국 위기를 만든 주체도 인간이며, 해결책도 인간에게 있는 셈이다. 그러므로 물질 만능의 현대 문명으로 인한 엄청난 스트레스와 중압감에 지친 현대인들에게 선은 인간성 회복과 인간 각자의 건강한 사고를 유지하고 인간 중심의 사회를 이룩하는 대안인 셈이다.

사람을 나약하게 만드는 집착

세계적으로 선을 수행하는 사람들이 나날이 늘어나고 있고 선수행자들은 세인의 관심과 주목을 받고 있다. 이러한 때에 가장 먼저 해야 할 일은 선을 올바로 이해하는 것이다. 바른 이해가 있어야 바른 수행을 할 수 있기 때문이다.

선을 하면 어떤 신통을 얻게 되고, 남의 마음을 읽고, 미래를 알고, 전생을 알게 되고, 심지어 귀신을 보고, 아니면 다른 사람이 가지고 있지 않은 어떤 특별한 능력을 얻을 것이라는 막연한 기대 속에서 선 수행에 관심을 가지는 사람들이 있다. 또한 막상 수행을 해도 이런 능력이 오지 않으면 수행에 자신을 갖지 못하고 의심하면서 고민하는 사람들도 있고, 단순히 선에 대한 호기심 때문에 시작하는 사람들도 있다. 하지만 선은 뭔가 특별한 능력을 얻기 바라거나 호기심으로 시작하기에는 그리 단순한 수행법이 아니다.

한편, 선에 대한 많은 책들과 다양한 명상법으로 인해 오히려 갈피를 잡지 못하는 사람들이 많은 것도 사실이다. 이것은 선과 명상에 대한 관심이 높아지다 보니 빨리 결과를 얻고자 하는 현대인들의 조급한 심리를 악용하는 사람들이 많기 때문이다. 그러므로 먼저 선에 대해 바른 안목을 가지는 것이 무엇보다 중요하다.

현대인들은 참선을 하면 곧바로 어떤 결과가 나타나리라 기대한다. 그러한 기대심을 품고 있으면 의식 속에서 환영과 상상의 세계가 나타나게 되며, 그것을 위대한 선 체험이라고 생각해버린다. 하지만 그것은 사실 무의식의 산물일 뿐, 대단한 것도 기뻐하거나 환영할 만한 것도 아니다. 오히려 그러한 경험은 마음에 불균형을 가져와 수행의 길을 포기하게 하거나 비정상적인 길로 빠져버리게 해서 결국에는 좌절을 경험하게 만들 가능성이 높다.

인간의 마음이란 '무명無明'이 완전히 사라지기 전까지는 맑지 못하여 외부 세계를 확실하게 알아차릴 수 없다. 그러므로 어렴풋하게 알게 된 마음은 잘못된 환상을 보게 하는 근원이 된다. 맑지 못한 마음으로 부처를 보려고 하는 것은 어둠 속을 더듬는 것과 같다. 부처는 설명할 수도, 마음으로 그릴 수도 없다. 부처에게 온갖 이름을 붙이고 형상을 붙여 말한다 해도 그것은 허상에 지나지 않는다.

그렇다면 보이는 것은 무엇일까? 부처가 모습을 가졌다고 믿는 사람은 부처가 인간의 눈을 통해서 볼 수 없는데도 부처를 상상하고 그 환영을 본다. 그리고 그러한 환영에 집착한다.

집착은 가장 큰 속박이다. 집착에 의해 나약해지면 궁극적인 실체에 대해 무지하게 된다. 집착은 모든 고통의 원인이다. 집착으로부터 자유로울 수 있어야 고苦에서 벗어날 수 있다. 고통과 집착에서 자유롭기 위해서는 끊임없이 수행 정진해야 한다. 그리하여 집착심이 옅어지면 내면의 힘은 강해진다. 내면의 힘이 강해질수록 깨달음은 가까워지는 것이다.

『금강경』에서도 '만일 형상으로써 나를 보거나 음성으로써 나를 구한다면 이 사람은 사도를 행함이라, 능히 여래를 보지 못하리라若以色見我 以音聲求我 是人行邪道 不能見如來'고 했다. 그런데도 눈앞에 나타난 부처를 보고 깨달음을 얻은 줄 착각하고, 꿈속에서 부처를 보았다고 환희심을 내는 사람이 있는 것은 무지가 만들어낸 소산이 아닐 수 없다.

그렇다면 진정 '어떻게 해야 부처를 만나고 볼 수 있을까?' 하는 의문이 생겨야 한다. 이것이 바로 참선이다. 이렇게 의심을 가지고 참구하고 참구하여 참된 자아를 깨닫고, 그것이 모든 존재의 근원이라는 것을 깨닫는 것에 의해서만 부처를 만날 수 있다.

나는 누구인가

사실 부처는 누구에게나 있고, 이 우주 어디에도 있다. 부처가 없는 사람은 하나도 없으며, 부처가 존재하지 않는 곳은 어디에도 없다. 그런데 부처를 만나지 못하고, 보지 못하는 것은 왜일까? 그것은 무지라고 하는 어둠에 가려 있기 때문이다.

무지의 상태에 있을 때 사람은 부처가 특정한 모습을 가진 존재라고 생각하고, 바깥세상에서 사물을 보는 것과 마찬가지로 그 존재를 보고 싶어 한다. 그러나 그런 일은 결코 일어나지 않는다. 각자 스스로 진리를 발견함으로써 부처라고 하는 '전체'를 깨달아야만 만날 수 있다. 부처는 진리다. 말과 행동 속에서 진리를 실천해갈 때 무지가 사라지고 비로소 부처는 드러난다.

마음의 속도는 빛의 속도보다 빠르다고 한다. 집중된 마음을 어떤 한 대상에 쏟으면 그 대상과 계합을 하게 되어 있다. 그러므로 진리에 집중하고 바른 법에 집중해야 한다. 만약 실재하지 않는 가상의 대상에 집중을 쏟는다면 마치 존재하는 것처럼 나타나게 되는데, 그것이 바로 환상이다.

현대인들은 아침에 일어나 잠들 때까지 자기 자신을 돌아볼 시간이 거의 없다. 오직 온종일 밖을 향해 마음이 치닫다가 밤이 되면 지친 육신을 쉬게 하기 위해 자리에 눕는 일과를 되풀이한다. 1분, 1초라도 자신을 돌아볼 여유가 없이 그렇게 쫓기다가 세상을 마감하는 일이 허다하다.

'나는 누구인가?'

이 질문을 던지며 잃어버린 자신을 회복하려 하지도 않고, 참 자기를 자각하려 하지도 않으면서 바깥 세계의 사물이나 다른 사람에게 의존한 채 살아가는 것이 우리의 모습이다. 자기가 누구인지, 어디서 와서 어디로 가는지 아는 자가 과연 몇 명이나 될까? 자기 자신이 가장 낯선 존재임을 알지 못한 채 살아가는 것이 현대인의 비극인 것이다.

　자기완성을 얻은 사람은 세상 속에 살면서도 세상의 문제에 속박되지 않고 영향을 받지 않는다. 마치 연꽃이 진흙 속에서 피지만 진흙으로 더럽혀지지 않는 것처럼 말이다. 깨달음에 관한 모든 수행은 바로 자신의 내면의 보물을 찾는 데 있다. 달리 말하면 자신이 이미 완전한 존재, 곧 부처라는 것을 깨닫는 데 있다.

참선의 목적

참선 수행은 삶과 죽음에서 벗어나 중생을 구제하고, 순수하고 깨끗한 청정국토를 이루어 마침내 너와 내가 함께 성불하는 데 그 목적이 있다. 무구청정無垢淸淨이란, 자신에 대한 집착이 끊어져 탐내고, 화내고, 무지함이 없는 자유로움을 말하는데, 이런 마음은 곧 위대한 인격자의 상으로서 개개인의 품성을 향상시키고, 사회 전반이 화평하고, 인류 문화를 창달할 뿐 아니라 마침내 불국정토를 이루는 주춧돌이 된다.

선의 목적이 성불成佛이라면, 성불은 반드시 무아無我에서 가능하며, 무아의 경지는 자신을 철저히 비우는 것이고, 자신을 비운다는 것은 자기중심적인 생각이 없는 것을 말한다. 자기중심적인 사람, 이기적인 사람은 언제나 자기만 생각하고 자기 말만 한다. 깨달음의 지름길은 아집을 완전히 잘라내는 일이다. 이기심으로 자기 둘레에 벽을 쌓는 사람은 다른 사람에게 괴로움을 줄 수밖에 없다. 그러나 늘 다른 사람과 자신을 구별하지 않는 사람은 순간순간 삶을 누리면서도 아무 두려움이 없고, 겸손하고 자비심이 넘치는 이타적인 사람이 된다.

중국 최초의 임금이었던 요堯 임금이 자기중심적이었던 부족 시대를 청산하고 절대 권좌인 임금의 자리에 오를 수 있었던 것은 자기를 버리고 오직 백성을 먼저 생각했기 때문이다. 이것은 그가 임금의 자리를 물려줄 때 자녀 가운데서 후계자를 찾지 않고 오직 천하를 잘 다스릴 수 있는 기량 있는 사람들 가운데서 한 명을 뽑아 임금 자리를 넘겨주었던 것만 봐도 잘 알 수 있다. 자기는 없고 오직 백성만 있었기 때문에 가능했던 일이다.

요堯 임금을 이어 왕이 된 순舜 임금도 수없이 학대하고 여러 번 자기를 죽이려한 계모를 두었지만 계모에 대한 원망이 조금도 없었다. 그러다보니 두 임금은 중국 역사상 가장 훌륭한 지도자로 칭송받고 있는 것이다. 이와 같이 자기 자신을 비운 사람들의 모습은 후대까지 길이 추앙받음을 알 수 있다.

불교 수행이 무아無我, 무소유에 철저하다 보니, 현실 초월의 참뜻이 왜곡되어 현실도피의 현상으로 보이는 경우도 있다. 그러나 불교의 현실 초월은 현실을 도피하는 사상이 아니라 현실의 이해관계를 뛰어넘는 사상으로서, 세속의 오욕에서 초탈하여 청정본연의 세계로 복귀하는 사상임을 제대로 알아들어야 한다.

이러한 사상은 우리나라에서 호국 불교 운동으로 이어져 신라 시대에는 사회와 경제, 문화를 창달하였고, 조선 시대에는 임진 왜란 당시 서산, 사명대사를 주축으로 하는 승병이 결성되어 외적을 물리치는 데 공헌하기도 했다. 또한 일제강점기에는 용성과 만해 스님의 독립운동과 같은 역동적인 불교 운동이 일어났는데, 이 모두 선사들의 열린 안목에서 비롯된 것이라 하겠다. 나만의 수행을 위하는 것이 아니라, 나를 희생해서 나라를 구하고 중생을 구제하는 이타행이야말로 자신을 철저하게 비우고 버린 데서 발현된 중생 사랑의 마음이라 할 수 있다.

선의 궁극적인 도달처는
버린다는 생각까지도 버린 상태

「유마경維摩經」에서는 '선정에 탐착하는 것은 보살의 속박이며, 뛰어난 방편으로 중생들을 교화해 현실을 살아가는 것이 보살의 해탈이다'라고 하여 선정에 탐착하는 것조차도 보살의 속박이라고 했다. 참선 수행을 한다면서 좌선에 집착하고 선정에 집착하고 깨달음에 집착한다면, 이것은 자신을 또 다른 방법으로 얽매이게 하는 속박이며 이는 진정한 선이 아니다.

부처가 말하기를, 삼천대천세계에 가득한 칠보로써 보시하는 공덕보다 경전 한 구절이라도 외워 남에게 가르치는 공덕이 수승하다고 했다. 이는 물질세계의 가치관에서 벗어나 정신세계의 가치관으로 들어가게 해주는 보배로운 말씀이 아닐 수 없다.

지금 세계의 지성인들은 자연과학의 위험성을 인식하고 새로운 인간 세계의 가치관을 모색하기에 여념이 없다. 이런 상황에서 불과 몇 해 전만 해도 참선을 불교인들만의 고유한 종교 행위로 여겨 관심을 가지지 않았던 세계의 지성인들이 최근 참선 수행에 관심을 가지기 시작했다. 참선이 동서양을 막론하고 인간의 마음을 다스리는 데 뛰어난 힘을 발휘한다는 것을 알았기 때문이다.

문명의 발달로 인한 물질의 이용은 사람의 능력으로 통제가 가능하다. 하지만 인간의 심성은 통제하여 다스리기가 쉽지 않다. 그러므로 다양한 사람들이 모여 사는 지구촌에서 각기 다른 가치관이 화합을 이루면 세상이 안락국토가 되지만, 서로 부딪히게 되면 애써 이루어 놓은 물질문명도 하루아침에 물거품이 될 수 있다. 세계의 지성인들이 깨달은 것은 바로 이것이고, 참선이 이 문제의 궁극적인 해결책이 될 수 있다고 생각한 것이다.

정치와 경제, 사회 문화도 마찬가지다. 언뜻 복잡하고 특별한 듯 보이지만, 따지고 보면 이 모든 것을 움직이는 것은 사람의 마음이다. 오늘날 우리 사회의 정치가 혼탁하고, 경제가 정의를 잃고, 사회와 문화가 천박해지고 있는 것은 이들의 뿌리를 떠받치고 있는 사람들의 정신세계가 메말라 있고, 가치관이 천박해졌기 때문이다.

이 문제를 해결하는 데 가장 효과적인 것이 개개인이 자기 자신을 되돌아보고 자기 자신을 깊이 들여다보는 것이다. 그렇게 사회의 구성원들이 스스로 자기 수행에 힘쓸 때 우리 사회의 정치와 경제, 문화는 제자리를 찾아갈 것이다.

인간이라면 남보다 나아야 하고 남보다 더 많이 가져야 한다는 가치관은 생존에 급급하던 지난 역사 속의 이야기다. 지금 우리는 우리가 살고 있는 이 작은 땅이 세계 사람들의 교역처가 되게 하고, 우리 자신이 세계 사람들의 스승이 되기를 발원하여 스스로 가치관을 바꾸고자 힘써야 한다. 만약 일신상의 안락을 위하고, 일신상의 능력을 얻기 위해 참선을 한다면 백천관법 백천삼매百千觀法 百天三昧 가운데 한 관문도 열리지 않을 것이다.

화두 참구를 아무리 성실하게 한다고 해도 백척간두에서 한 발짝도 옮기지 못한다면 끝내 공을 이루지 못하듯이, 가치관의 전환이 없다면 참선 수행은 끝내 무의미한 것이 될 수밖에 없을 것이다. 어린 아이가 천하제일의 무공을 연마했다 해도 어른에게 는 대적할 수 없듯이, 무지몽매한 범부의 소견, 곧 자기 자신만을 위하는 이기적인 소인의 마음으로 참선을 수행하려 한다면 모래로 밥을 지으려는 것보다 더 어리석은 일이다.

가치관을 바꾸고자 하는 새로운 인식을 하고 난 뒤, 비로소 좌선을 하고자 하는 발심이 필요하다. 새로운 인식으로 가치관을 바꾸어 참선 수행을 한다면 이루지 못할 공부가 없고, 투과하지 못할 관문이 없으며, 열반과 해탈이 동시에 이루어질 것이다. 이러한 공덕이라야 좌선의 공덕이라 할 것이요, 이 공덕이라야 그 공능이 무한할 것이다.

참선을 잘하는 법

참선을 잘하려면 응시를 잘해야 한다. 응시하는 방법에는 몇 가지 방법이 있다. 우선 벽을 향해 앉을 때는 자기 팔 길이만큼 떨어져 앉아야 하고, 방 한가운데 앉을 때는 상체를 숙였을 때 자기 팔 끝이 닿는 자리를 응시하면 된다. 그리고 정면에서 보면 눈을 반쯤 감은 것처럼 보이게 한다.

가장 중요한 것은 많은 생각들이 일어나고 사라지더라도 시선을 한 곳에 응시하는 것을 결코 잊어서는 안 된다는 사실이다. 주의를 모으려고 애쓰지 않으면 일어난 생각을 따라 시선이 따라가게 되어 응시하는 곳을 놓쳐버리기 쉽다. 그러므로 정신을 가다듬어 마치 돋보기로 태양 빛을 모으면 그 빛이 모여 종이를 태우듯 육근六根, 곧 눈과 귀, 코, 입, 몸, 생각에서 나오는 것을 모아 한곳을 응시해야 한다. 응시하고 또 응시하여 그렇게 모인 응시력을 내면으로 돌려 내관內觀 할 때 비로소 마음의 당처를 쉽게 관觀 할 수 있게 된다.

　우리 눈은 밖을 보게 되어 있기에 밖으로 향한 우리의 시선을 내면으로 돌린다는 것은 결코 쉬운 일이 아니다. 눈으로 분명히 보이는 외부의 형상으로 향하는 시선도 한곳을 오롯하게 응시하기 힘든데, 하물며 보이지도 않는 내면의 상을 어떻게 응시할 수 있겠는가?

　그러므로 참선을 하고자 발심한 이들은 먼저 외부로 향하는 시선을 한곳에 모아 응시하는 훈련부터 해야 한다. 물론 이것은 참선은 아니다. 그렇지만 참선을 하려고 하면 반드시 응시하는 이 훈련이 선행되어야 비로소 참선을 하기 위한 준비 운동을 마쳤다고 할 수 있다.

　외부로 향하는 시선의 응시가 오롯하게 되고 난 뒤, 이 오롯이 모아진 응시력으로 내면을 향하면 저절로 내관內觀이 이루어진다. 그러나 응시하고 있는 중에도 눈은 응시하는 대상을 놓치기 쉽고, 생각은 시선을 따라 헤매고 있는 것을 자주 발견하게 될 것이다. 망상이나 잡념은 시선을 한곳에 강하게 모으면 힘을 잃고

사라지지만, 시선을 모으는 힘이 약해지면 언제라도 빠져들 수
있다.

알아차리면 곧바로 망상은 사라진다

중요한 것은 망상이나 딴생각에 빠져 있는 것을 곧바로 알아
차려야 한다는 것이다. 망상이나 잡념이 일어나는 것은 자연스러
운 것이지만, 수행자는 망상에 빠져 있는 자신을 알아차리고 얼
른 그 망상과 잡념에서 빠져나와야 한다. 참선하는 사람이 마음
이 방황한다는 것을 깨닫지 못하면 끝없는 망상 속을 헤매게 되
며, 이것은 수행에 악영향을 미친다.

그러므로 수행자는 끊임없이 자신의 마음 상태를 알아차려야
한다. 알아차리면 곧바로 그 생각은 사라진다. 생각이 사라지면
다시 응시하는 대상에만 시선을 고정시키면 된다. 다른 생각이
들어와도 응시하는 대상을 놓치지 않는다면 점점 다른 생각에서
벗어나게 되고, 마침내 고요함에 접어들게 될 것이다.

좌선을 한다고 해서 아무렇게나, 그냥 무조건 앉아 있으면 되

는 것은 아니다. 참선하는 자세와 마음가짐을 올바르게 알고 행할 때 노력한 만큼 성과가 있다. 깨달음에 대해 큰 뜻을 품은 사람이라면 처음부터 많은 것을 기대하지 말고 항상 자신의 몸과 마음을 살피되 꾸준히 지속하는 힘이 필요하다. 단번에 결판이 나는 참선은 없다.

서산대사는 『선가구감禪家龜鑑』에서 참선을 하고자 하면 모름지기 세 가지 요건을 갖추어야 한다고 했다. 세 가지 요건이란, 대신근大信根과 대분지大憤志와 대의정大疑情이다. 대신근이란 큰 신심이다. 큰 신심이란 구경성불究竟成佛(마침내 부처님의 경지에 이름)에 대한 신심으로, 나를 바꾸어 큰 인격체를 이루겠다는 신심을 말한다. 대분지란 큰 분심을 말한다. 이는 크게 분발함을 말하고 대의정이란 큰 의문이니, 큰 의문이 생기면 반드시 풀릴 때까지 심혈을 다하는 것을 말한다. 서산대사는 이와 같은 세 가지 요건을 갖추지 않고 참선을 하면 결코 성취할 수 없음을 분명히 하고 있다.

참선을 하여 반드시 뜻을 이루고자 하거든 참선에 대한 바른 이해가 선행되어야 하고, 그런 다음 바른 수행법을 알아야 한다. 참선에 대한 바른 이해와 바른 수행법에 대해서 모든 경전과 어록이 상세히 밝히고 있으나 그 중에 가장 잘 요약된 것이 바로

「좌선의」다. 오로지 참선만을 수행하는 역대 선원에서 수행인의 수칙으로 귀감이 되어 온 「좌선의」는 분명 참선 수행을 바로 할 수 있는 열쇠가 되어 밝은 미래 세계를 열게 할 것이다.

좌선의

천 년을 이어 온 마음 수련법

「좌선의」를 쓴 종색 선사는 송나라 시대 정토淨土 사상을 선양했던 운문종雲門宗의 수행자로 본관은 양양襄陽이고, 속성俗姓은 손孫씨이며, 시호는 자각대사慈覺大師다.

언제 태어나고 언제 죽었는지는 어느 곳에서도 명확히 밝혀진 바가 없어 알 수 없지만, 다만 어려서 아버지를 여의고 홀어머니 밑에서 자랐으며, 뜻이 고상하고 의지가 강했다고 한다. 그리하여 일찍이 유학儒學과 다른 세상 학문에 통달해 스물아홉 살에 원풍청만元豊清滿 선사의 권유로 출가한 뒤, 운문종의 법운법수法雲法秀 선사에게 장로응부長蘆應夫의 법을 받았다.

2
장 … 좌선의

1102년부터 1105년에는 하북성 홍제선원洪濟禪院과 장로사長蘆寺에 머물렀는데, 홍제선원의 주지로 있을 때 선종의 독자적인 계율이라 할 수 있는 『선원청규禪院清規』 10권을 지었고, 「좌선의」는 이 책의 권 8에 들어 있다.

『선원청규』는 『백장청규百丈清規』의 전통을 되살리고자 편찬된 책이다. 사실 선종의 독자적인 수도 규칙인 '청규'를 맨 처음 만들어 선종 독립의 기초를 세운 사람은 백장회해百丈懷海 (749~814) 선사다. 육조혜능 선사 밑에서 남악회향 선사가 나오고, 남악회향 선사 밑에서 마조 도일 선사가, 마조도일 선사 밑에 백장회해 선사가 나오는데, 이 백장 선사가 바로 『백장청규』를 만들었다.

백장 선사는 수행과 깨달음에 투철했던 선승으로, 중국 선종 역사에 독자적인 수도 규칙과 노동 강령을 수립해 총림 제도를 확립하고, 선종을 중국 불교의 대표적인 종파로 발전시키는 큰 기틀을 마련한 사람이다. 그리하여 그가 만든 청규를 '백장청규'라 하였는데, 이는 모든 시대의 선수행자들이 지키고 따라야 할 수행 덕목과 규칙이었다. 그 안에는 총림 운영과 관련한 인욕, 헌신, 노동의 메시지가 담겨 있다.

『백장청규』가 만들어지기 전의 불교와 이후의 불교 모습은 무척 다르다. 백장 선사 이전의 불교는 인도의 전통 불교의 모습을 간직하고 있었기 때문에 수행자들은 농사를 짓거나 가축을 기르지 못했다. 농사를 짓게 되면 뜻하지 않게 작은 곤충이나 벌레를 죽여야 하기 때문에 불살생의 계율을 지키기 어려웠기 때문에 이를 피해야 한다고 가르쳤던 것이다. 따라서 수행자들은 탁발로 생활해야 했고, 농사를 짓는 중생들을 위해 대신 축원을 해주고 기도하게 가르쳤다. 맑은 공기가 있어야 탁한 공기를 정화시킬 수 있다는 이치에서 수행자들로 하여금 청정을 행으로 삼게 했던 것이다. 절을 두고 청정도량이라 하는 것은 이 때문이다.

하지만 백장 선사는 '하루 일 하지 않으면 하루 먹지 말라一日不作 一日不食'는 말과 함께 수행자들로 하여금 농사를 지어 자급자족하게 했다. 일상의 노동을 수행의 중요한 도구로 끌어들였던 것이다. 이로써 선종은 이전의 불교 종파와는 확연히 다른 차별을 이루기 시작했고, 이러한 전통은 울력이란 이름으로 지금까지 이어져 내려오고 있다.

이처럼 반농반선半農半禪이 선종의 중요한 가풍으로 자리매김하기 시작하면서 선농일치禪農一致를 이루었는데, 이것은 의식주를 해결하는 수단으로 농사를 짓는 데 그치지 않고, 좌선 일변도의 정적인 선정주의에 빠지지 않으면서 마음을 다스리는 선禪의 기상을 살려 나가고자 하는 데 있었다.

하지만 안타깝게도『백장청규』는 일찍 유실되어 그 전체 내용이 분명하지 않은 채 입으로만 전해져 내려왔다. 이를 안타깝게 생각한 종색 선사는『백장청규』의 전통을 되살리고자 당시 전해져 내려오던 내용들을 모아 새롭게 청규를 편찬했는데, 이것이 바로『선원청규』10권이다. 백장 회해가 입적한 지 290년 만에 일어난 일이다.

『선원청규禪苑清規』는 선종 총림의 운영에 필요한 규칙을 세밀하게 분류하여 선종의 독자적인 수계 의식, 선원의 설법 의식, 선원의 운영을 위한 직책, 선원의 사무와 경제, 출입, 경전을 보는 행사, 선승의 장례, 선 수행에 도움이 되는 귀경문龜鏡文을 비롯해 무척 다양한 내용들이 세밀하게 정리되어 있다. 그리고 권 8에 「좌선의」를 수록해 놓아, 좌선을 마치 생활 수칙처럼 수행자들이 날마다 지켜 나가야 할 중요한 덕목으로 제시했다. 「좌선의」를 수행자들의 생활 수칙을 적어 놓은『선원청규』속에 넣어 놓음으로써 규범 있는 생활을 하는 수행자들의 사상을 좌선으로 무장시키고자 했던 것이다. 그 덕분에 좌선의는 후대 선종의 참선 수행의 중요한 지표가 되어 왔다.

우리나라 선종에서도『선원청규』를 무척 중요하게 생각했는데, 고려 시대 보조국사 지눌(1158~1210)은 1205년에 지은『계초심학인문誡初心學人文』에서『선원청규』의 구성과 내용을 많이 인용하고 있다. 그 후 초심자의 필독 교재로 삼아 왔으며, 우리나라 스님들의 기본 수행 교육도 『선원청규』에 의해 이루어져 왔다.

　선수행의 지침서인 「좌선의」는 크게 열 부분으로 나뉘어져 있다. 좌선 전의 서원, 마음과 몸의 조절, 좌선의 자세, 좌선의 마음가짐, 좌선의 공능, 마경, 출정할 때의 주의점, 선정의 중요성, 선정의 공덕이 그것인데, 각 부분들은 문장 내용의 뜻과, 수행의 법칙, 예문 등을 혼합하여 구체적으로 설명하고 있다.

좌선의 원문

盡(夫)學般若菩薩은 先當起大悲心하고 發弘誓願하야 精修
三昧하고 誓度衆生이요, 不爲一身獨求解脫爾이니라.

乃放舍諸緣하고 休息萬事하야 身心一如하고 動靜無間이니라.
量其飮食하야 不多不少하고, 調其睡眠하야 不節不恣니라.

欲坐禪時에는 於閑靜處에 厚敷坐物하고 寬繫衣帶하야 令威
儀齋整然後에 結跏趺坐하되 先以右足으로 安左䏶上하고 左
足을 安右䏶上이요, 或半跏趺坐도 亦可로되 但以左足으로 壓

右足而已니라.

次以右手로 安左足上하고 左掌을 安右掌上하야 以兩手大拇로 指面相拄하고 徐徐擧身前欠하되 復左右搖振이라야 乃正身端坐니라.

不得左傾右側前躬後仰하야 令腰脊頭項骨節相拄하야 狀如浮屠요,

又不得聳身太過하야 令人氣急不安이니라.

要令耳與肩對하고 鼻與臍對하여 舌拄上腭하고 脣齒相著하며 目須微開하야 免致昏睡니라. 若得禪定이면 其力最勝이니라.

古有習定高僧은 坐常開目하고 向法雲圓通禪師도 亦訶人閉目坐禪하야 以謂黑山鬼窟이라 하니 蓋有深旨로 達者知焉이니라.

身相旣定하고 氣息旣調然後엔 寬放臍腹하고 一切善惡을 都無思量하라.

念起卽覺이요 覺之卽失이니라. 久久忘緣이면 自成一片하리니
此坐禪之要術也니라.

竊謂坐禪은 乃安樂法門이로되 而人多致疾者는 蓋不善用心
故也일세니라. 若善得此意면 則自然四大輕安하고 精神爽利
하며 正念分明하고 法味資神하야 寂然淸樂이니라.

若已有發明者는 可謂如龍得水요 似虎犇山이어니와 若未有
發明者는 亦乃因風吹火하야 用力不多니라. 但辦肯心이면 必
不相賺이니라.

然而道高魔盛하야 逆順萬端이나 但能正念現前하면 一切不
能留礙니라. 如楞嚴經과 天台止觀과 圭峰의 修證儀에 具明
魔事하니 預備不虞者는 不可不知也니라.

若欲出定인댄 徐徐動身하야 安詳而起요 不得卒暴이니라. 出
定之後에도 一切時中에 常作方便하야 護持定力하되 如護嬰
兒면 卽定力易成矣니라.

夫禪定一門은 最爲急務니라. 若不安禪靜慮면 到這裏에 總
須茫然이니라. 所以로 探珠宜靜浪이요 動水取應難이라. 定水

澄清이면 心珠自現이니라.

故로 圓覺經에 云無碍淸淨慧는 皆依禪定生이라 하고, 法華經에 云在於閑處하야 修攝其心하되 安住不動을 如須彌山이라 하니라.

是知超凡越聖은 必假靜緣이요, 坐脫立亡도 須憑定力이니라. 一生取辦이라도 尙恐蹉跎한데 況乃遷延이면 將何敵業이리요.

故로 古人이 云若無定力이면 甘伏死門이요 掩目空歸면 宛然流浪이라 하니 幸諸禪友여 三復斯文이면 自利利佗하야 同成正覺하리라.

지혜를 배우는 사람이 가장 먼저 해야 할 일은 큰 자비심을 일으
켜 넓고 큰 서원을 세우고, 정밀하게 삼매를 닦아 맹세코 중생을
제도할 것이요, 내 한 몸만을 위해 해탈을 구하지 말아야 한다.

일체의 반연(기대어 인연을 맺는 일)을 놓아 버리고, 만 가지 일에서
잠시 벗어나 몸과 마음을 한결같이 해 움직임과 고요함 가운데 틈
이 없어야 한다. 음식의 양을 조절해 너무 많이 먹거나 너무 적게
먹지 말고, 잠을 조절해 너무 적게 자거나 지나치게 많이 자지 않
도록 해야 한다.

좌선을 할 때는 고요한 곳에서 방석을 두껍게 깔고, 허리떠를 느

순하게 하여 몸가짐을 가지런히 한 후에 결가부좌하되, 먼저 오른 발을 왼쪽 넓적다리 위에 놓고, 왼발을 오른쪽 넓적다리 위에 놓는다. 또는 반가부좌를 해도 좋은데, 왼발을 오른쪽 넓적다리 위에 올려놓으면 된다.

다음으로 오른손은 왼발 위에 놓고, 왼쪽 손등을 오른쪽 손바닥 위에 놓으며, 두 손의 엄지손가락 끝을 서로 맞댄 뒤 천천히 몸을 세워 앞과 뒤, 왼쪽과 오른쪽으로 몇 번 움직여 몸을 바르게 한 뒤 단정히 앉는다.

왼쪽, 오른쪽 어느 한쪽으로 기울거나 치우쳐서는 안 되며, 앞으로 구부리거나 뒤로 젖혀서도 안 된다. 허리와 척추, 머리와 목이 서로 일직선이 되도록 하되, 그 모습이 마치 부도처럼 경직되지 않도록 하고 힘을 빼 자연스러운 자세를 취한다.

몸이 지나치게 긴장되어 호흡이 부자연스러워도 안 된다.

중요한 것은 귀와 어깨가 나란히 되도록 하고, 코와 배꼽이 일직선이 되도록 하며, 혀는 윗잇몸에 대고, 입술과 이는 맞붙이며, 눈은 가늘게 떠야 멍함과 졸음에서 벗어날 수 있다. 만약 선정을 얻는다면 그 힘은 최고에 이를 것이다.

옛날 선정을 닦던 고승들은 언제나 눈을 뜨고 좌선을 하였고, 법운원통 선사 또한 눈을 감고 좌선하는 자를 꾸짖어 "깜깜한 흑산의 귀신굴이다!"라고 하였으니, 여기에 깊은 의미가 있음을 통달한 자는 알 것이다.

몸의 모양이 안정되고 호흡이 조절되었으면 아랫배를 느슨하게 하고 그 어떤 선한 곳에도, 악한 곳에도 마음을 두지 말라.

잡념이 일어나면 곧바로 알아차려야 하고, 알아차리면 곧 사라질 것이다. 오래도록 반연한 바를 잊으면 저절로 한가락을 이룰 수 있을 것이니, 이것이 좌선의 중요한 방법이다.

간절히 말하자면, 좌선은 몸과 마음을 편안하게 하는 가르침이지만 사람들이 흔히 병을 얻는 것은 대체로 마음을 잘못 쓰기 때문이다. 만약 이러한 뜻을 잘 이해한다면 자연히 온몸이 가벼워 편안해지며, 정신이 상쾌하고 예리해지며, 생각이 분명해지고, 법의 진정한 의미가 정신을 북돋우어 고요하고 맑은 법의 즐거움을 누릴 것이다.

이미 깨달은 사람이라면 용이 물을 얻은 것 같고, 호랑이가 산을 달리는 것과 같다고 할 수 있지만, 만약 아직 깨닫지 못했다 하더라도 마치 바람 부는 쪽으로 불을 놓아주는 것처럼 힘을 많이 들이지 않아도 될 것이니라. 다만 긍정적인 마음을 가진다면 결코 잘못되지 않을 것이다.

도가 높아지면 마魔가 맹렬하게 성해지는 법이라 역경과 순탄함이 만 가지나 되지만, 올곧게 마음을 지킨다면 그 어떤 것도 장애가 되지 않을 것이다. 『능엄경』과 『천태지관』과 규봉의 『수증의』에서 잘못되는 마의 일을 다 밝혀 두었으니, 미리 대비한다면 잘못되는 일은 없을 것이다.

만약 선정에서 나오고자 한다면 몸을 천천히 움직이고 편안하고 조심스럽게 일어나되, 갑작스럽게 일어나서는 안 된다. 선정에서 나온 뒤에도 언제나 좌선의 방법에 의하여 삼매의 힘을 지켜 나가되, 마치 어린아이를 감싸 보호하듯 하면 선정의 힘이 쉽게 이루어질 것이다.

선정이 가장 급한 일이다. 만약 참선으로 고요한 마음을 여여하게 이루지 못한다면 여기에 이르러 모든 것이 망연하게 될 것이다. 이 때문에 구슬을 찾으려면 마땅히 물결을 고요하게 해야 할 것이니, 물이 움직이면 구슬을 찾기 어렵다. 물이 고요해져 맑고 맑아지면 마음의 구슬이 저절로 드러나게 된다.

그러므로 『원각경』에서는 '걸림 없는 청정한 지혜는 모두 선정에 의해 생기는 것이다'라고 하였고, 『법화경』에서도 '한적한 곳에서 머물러 그 마음을 닦아 편안하게 하되, 견고한 수미산과 같이 부동해야 한다'라고 한 것이다.

범부를 초월하고 성인을 뛰어넘는 것도 반드시 고요한 경계를 의지해야 하고, 좌탈입망 하는 것도 반드시 선정의 힘에 의거한다는 것을 알아야 한다.

일생토록 취하고 가려도 오히려 잘못될까 두려운데 하물며 수행을 게으르게 한다면 장차 무엇으로 업을 대적하겠는가?

그러므로 옛사람이 말하기를 '만약 선정력이 없다면 죽음의 문에 기꺼이 항복할 수밖에 없고, 눈앞이 캄캄하여 갈팡질팡 헤매게 될 것이다' 하였으니, 바라건대 모든 참선 수행자들이여, 이 글을 세 번 되풀이 하여 읽으면 자신에게도 이익이 되고 다른 모든 이에게도 이익이 되어 다 함께 깨달음을 이루게 될 것이다.

좌선의 강의

위로는 도道를 구하고,
아래로는 남을 위해 몸을 바치다

자
리
이
타
自利利他

盡(夫)學般若菩薩은 先當起大悲心하고 發弘誓願하야 精修三昧하고 誓度衆生이요, 不爲一身獨求解脫爾이니라.

지혜를 배우는 사람이 가장 먼저 해야 할 일은 큰 자비심을 일으켜 넓고 큰 서원을 세우고 정밀하게 삼매를 닦아 맹세코 중생을 제도할 것이요, 내 한 몸만을 위해 해탈을 구하지 말아야 한다.

盡 다할 진	夫 지아비 부	學 배울 학	般 반야 반	若 땅이름 야
菩 보살 보	薩 보살 살	先 먼저 선	當 마땅할 당	起 일어설 기
大 큰 대	悲 슬플 비	心 마음 심	發 피어날 발	弘 넓을 홍
誓 맹세할 서	願 원할 원	精 정미할 정	修 닦을 수	三 석 삼
昧 어두울 매	度 법도 도	衆 무리 중	生 날 생	不 아닐 부
爲 위할 위	一 하나 일	身 몸 신	獨 홀로 독	求 구할 구
解 풀 해	脫 벗을 탈	爾 너 이		

첫 문단은 좌선을 하기 전에 수행자가 지녀야 할 마음가짐에 대해 말하고 있다. 그 마음가짐이란 큰 자비심을 일으키고, 세상을 향한 큰 원을 발하며, 정밀하고 또 정밀하게 삼매를 닦아 세상을 위한 서원을 세우며, 오로지 자신만을 위해 해탈을 구하지 말아야 한다는 다섯 가지 마음가짐이다. 이 다섯 가지 마음은 한마디로 다른 사람을 먼저 생각하고 다른 사람을 위하는 이타행이라 할 수 있는데, 이것이 참선 수행의 핵심임을 말하고 있다.

모두가 잘되지 않으면
나 하나 잘되는 것은 아무 소용없다

이타행이란, 자신의 이익은 뒤로하고 공동의 이익을 우선으로 하여 최선을 다하는 행동을 말한다. 개인의 업이 아무리 뛰어나다 하더라도 공동의 업을 뛰어넘지는 못하기 때문이다.

실제로 우리가 사는 사회에서 공동의 업이 무너지면 개인의 업은 아무런 가치가 없어지고 만다. 내가 아무리 잘산다한들 우리 사회의 치안이 엉망이라 마음 놓고 다닐 수 없다면, 나 하나

잘사는 것이 과연 무슨 의미가 있을까? 전쟁이 일어나 모든 것이 부서지고 사회 기능이 마비된다면 내가 가진 엄청난 재산이며 좋은 옷이며 맛있는 먹을거리들이 무슨 소용이 있을까? 나 개인은 학교에 가서 열심히 공부하고 싶지만 교실에서 늘 싸움이 벌어지고 힘센 아이가 약한 아이를 괴롭힌다면, 나 하나 학교에 가서 열심히 공부하겠다는 바람은 아무 소용없는 것이 되고 만다.

반대로 나는 학교에 가서 친구들과 장난치고 놀고 싶지만, 다른 많은 아이들이 열심히 공부를 하고 약한 아이를 도와주고 서로 힘을 합해 어려운 일들을 해 낸다면 어떻게 될까? 나 역시 자연스럽게 공부를 할 것이고 약한 친구들을 도와줄 것이고 힘을 합쳐 어려운 일을 극복해내려는 마음이 생길 것이다. 이것이 공동의 업이다.

참선 수행을 통해 마음을 다스리겠다는 사람은 개인의 업보다는 늘 공동의 업을 먼저 생각해야 한다. '나 하나쯤이야'가 아니라 '나 한 사람이라도 먼저'라는 생각이 앞서야 공동의 업을 완성할 수 있다. 나 하나가 오염되면 가정이 오염되고, 학교가 오염되고, 나아가 사회가 오염된다. 사회가 오염되면 나 개인은 오염되지 않았다고 해도 설 자리는 없어지고 만다. 따라서 오염된 사회를 만드는 첫 시작도 나 개인에게 있고, 공동의 업을 통해 살 만한 사회를 만드는 것 또한 나 개인에게서 비롯된다는 생각을 가

져야 한다. 이것이 참선 수행을 하는 사람이 가져야 할 기본적인
마음가짐이다.

지혜란
사물을 있는 그대로 바라보는 것

참선 수행을 하는 사람을 두고 '지혜를 배우는 보살'이라 했다.
여기서 말하는 지혜란, '반야般若'를 말하는데 반야는 산스크리트
어 'prajna'의 음역으로 모든 세상의 이치와 도리를 분명히 꿰뚫
어 보는 깊은 지혜를 말한다. 이는 세상의 이치와 도리를 바로 볼
수 있는 안목을 말하기도 한다. 이러한 반야는 불교의 이상적 인
간상이라 할 수 있는 보살의 여섯 가지 실천 덕목인 육바라밀 가
운데 하나이기도 하다. 육바라밀은 보시와 지계, 인욕, 정진, 선
정, 지혜(반야)를 말한다.

그렇다면 반야, 곧 지혜란 무엇을 말하는 것일까? 한마디로 지
혜란, 모든 사물의 참된 도리를 분명히 깨닫는 것을 말한다. 모
든 선입관과 주관적인 판단이 없는 상태에서 오직 있는 그대로

사물을 바라볼 수 있는 것을 말한다. 캄캄한 방 안에 불을 밝히면 방 안의 어둠이 사라지면서 색깔과 모양 있는 모든 것들이 드러나게 된다. 이처럼 반야는 무명無明(모든 고통의 근본적인 원인으로 무지無知를 뜻함)의 어둠을 깨뜨리고 만물의 실제 모습이 드러나게 한다.

있는 그대로 사물을 바라본다는 것은 그 사물의 참된 모습, 곧 본성을 알아차리는 것을 뜻한다. 세상을 살아가는 우리 앞에 커다란 호수가 있고, 우리는 늘 그 호수에 비친 모습을 통해 사물을 본다고 가정해보자. 만약 그 호수가 365일 심하게 출렁인다면, 과연 우리는 사물의 참된 모습을 바라볼 수 있을까? 출렁이는 호수는 사물을 있는 그대로 비춰주지 않는다. 출렁거림의 정도만큼 사물을 왜곡해서 비춰준다.

우리는 세상의 많은 것들을 보고 경험하고 있지만 출렁이는 호수에 비쳐 언뜻언뜻 보이는 것을 보고는 전부를 보았다고 착각하거나 제대로 보았다고 확신하는 경우가 많다. 하지만 그것은 제대로 본 것도 아닐뿐더러 모두를 본 것은 더더욱 아니다. 그 결과 이 사람이 본 모습과 저 사람이 본 모습이 다르게 되고, 그런데도 서로 자기가 본 것만 맞다고 우기면서 갈등이 벌어지고 마침내 싸움으로 번지는 것이 지금 우리가 살아가는 세상의 모습이다.

그렇다면 어떻게 해야 할까? 사물을 정확하게 보기 위해서는 호수의 출렁임이 가라앉아 잔잔해지도록 해야 한다. 호수의 물이 잔잔해지면 그 물에 비친 사물의 모습은 절로 정확하게 된다. 그렇게 되면 이 사람이 본 모습과 저 사람이 본 모습이 다르지 않게 되고, 따라서 갈등이 벌어지지도, 다툼이 일어나지도 않게 된다.

내 마음속의 호수가 출렁임을 멈추고 티끌이 가라앉도록 하기 위해서는 고요한 곳을 찾아가 가만히 앉아 나의 내면을 들여다보아야 한다. 이것이 참선이다.

참된 지혜는
자비심으로 무장한 이타심과 이타행으로 완성된다

참선을 통해 사물의 참된 모습을 바라보는 지혜를 구했다면, 그 지혜를 어떻게 사용해야 할까? 이에 대해 「좌선의」에서는 참선을 수행하는 사람에게 보살이 될 것을 요구하고 있다. 그리하여 참선 수행을 하는 사람을 두고 '반야(지혜)를 배우는 보살'이라고 표현한 것이다. 보살이란 앞에서 이미 말했듯이 불교가 추구하고자 하는, 인격과 덕성을 갖춘 사람을 말한다. 다시 말해, 수행을 통해 인격과 덕성을 갖추고자 애쓰는 사람이다.

그렇다면 보살이 되어야 한다는 것은 구체적으로 무엇을 뜻하는 것일까? 그것은 참선을 통해 지혜를 얻는 것도 중요하지만, 그 지혜를 어떻게 사용하는가 하는 것이 더 중요하다는 것을 말한다. 지혜가 많은 사람이 그 지혜를 나쁜 데 사용하면 사기꾼이 되거나 세상을 파멸로 이끌게 될 것이다. 그러므로 지혜를 얻는 것 못지않게 중요한 것은 얻은 지혜를 다른 사람의 이익을 위해 쓸 줄 아는 마음가짐이다.

참선을 통해 지혜를 얻은 사람이 보살이 되지 못한다면, 그 사람의 지혜는 참된 지혜가 되지 못하고 지식으로만 머물고 만다. 지식은 그 자체로 나쁘게 쓰일 수도 있고, 좋게 쓰일 수도 있다. 그러므로 그 지식이 모든 사람들을 이롭게 하는 지혜가 되기 위해서는 먼저 보살의 마음가짐을 갖추고자 노력해야 한다.

오늘날 세상에는 지식이 넘쳐나고 있다. 인터넷에서는 실시간으로 새로운 지식들이 쏟아져 나온다. 게다가 물질은 풍요롭기만 하다. 그런데도 세상은 점점 더 살기 힘들어져 가고 있다. 넘쳐나는 지식들이 지혜가 되어 사람을 이롭게 하는 데 쓰이지 못하고 있기 때문이다. 그러므로 지혜를 갈구하는 것보다 더 중요한 것은 그 지혜를 다른 사람을 위해서 쓰겠다고 다짐하는 보살의 마음가짐이라고 할 수 있다.

참선을 통해 지혜를 구하려는 사람은 먼저 자기 안에서 큰 자비심을 일으켜야 한다. 자비심을 일으키지 못한다면 아무리 공부를 많이 해도 참된 깨달음을 얻을 수 없다. 이것은 참선을 하는 사람을 두고 보살이 되어야 한다는 것과 일맥상통한다.

자비심을 일으키지 못하는 사람은 참선을 해도 참된 깨달음에 이르기가 힘들다. 그 까닭은 참선의 마지막 관문에서는 자신의 본래 마음이라고 착각하고 살았던 마음(감각적인 욕망, 의심하는 마음, 들뜸, 게으름, 부끄러움을 모르는 마음, 자만심, 어리석음)에서 철저히 벗어나야 하는데, 큰 자비심이 있어야만 그 마음에서 벗어나 거짓된 자기를 과감하게 죽일 수 있기 때문이다. 그러므로 참선의 마지막 관문은 절대절명의 위기와 맞닥뜨리는 것이나 마찬가지라 할 수 있다.

자기를 죽인다는 것은, 자신이 가진 모든 것을 버린다는 뜻이다. 자기를 버린다는 것은 다른 사람을 위해 자신을 내놓을 수 있다는 것을 말한다. 이것이 이타심이요, 자비심이다. 참선의 궁극적인 완성은 바로 이러한 이타심과 자비심으로 나타나게 되는

데, 처음부터 이러한 이타심과 자비심을 추구하지 않는다면 참선을 통해 궁극적인 깨달음에 이를 수 없다는 것은 너무나 당연하다.

지장보살地藏菩薩은 지옥에서 고통받고 있는 중생이 단 한 명이라도 있으면 자신의 성불을 뒤로 미룰 것이라고 했다. 법장비구法藏比丘 역시 중생을 제도하는 마흔여덟 가지 큰 서원을 세운 뒤 그 원이 단 한 가지라도 이루어지지 않으면 성불하지 않겠다고 했다. 이것이 바로 자비심이다. 이렇듯 깨달음이란 무한한 이타심과 이타행, 한없이 크고 무한한 자비심을 깨닫는 것이다. 깨달음을 얻어 자기 안에서 이타심과 이타행, 자비심이 실제로 발현되도록 하는 것이다. 이것이 깨달음이요, 지혜요, 반야이다.

이러한 자비심은 어디에서 비롯되는 것일까? 다시 보살에 대해 이야기해보자. 보살菩薩은 보디사타bodhi-sattva의 음역인 '보리살타'의 준말이다. 보디bodhi는 깨달음을 뜻하는 보리菩提를 말하고, 사타sattva는 중생衆生을 뜻하므로, 보살이란 '깨달음을 구하는 중생'이라 할 수 있다.

이러한 보살은 먼저 큰 자비심이 있어야 한다고 했다. 큰 자비심은 '마하-카루나maha-karuna'라는 말을 번역한 것으로, '고통을 없애준다'는 뜻이다. 곧 중생의 고통을 덜어주기 위한 연민심이 바로 자비심이란 뜻이다.

그런데 마하-카루나는 보통 마이트리야maitrya라는 말과 같이 사용하는데, 이 말은 중생의 즐거움을 함께 한다는 뜻이기도 하다. 결국 중생의 고통을 없애주거나 중생의 즐거움과 함께한다는 말은 서로 짝을 이루어 쓰이는데, 이 두 말에는 중요한 한 가지 뜻이 숨어 있다. 바로 자타불이自他不二다. 나와 다른 사람이 둘이 아니라 하나라는 이 생각 때문에 타인의 고통을 덜어줄 수 있는 마음이 생기고, 타인의 즐거움에 함께할 수 있는 마음이 생기는 것이다. 나아가 자기를 성취하는 '반야'와 중생을 바른 길로 이끌고자 하는 '자비심'을 똑같은 것으로 보았던 것이다. 곧 깨달음을 구하는 일이 중생을 교화하는 일이고, 중생을 교화하는 일이 바로 깨달음을 구하는 일인 것이다.

몰입

삼매란, '사마디samadhi'의 음역으로 마음을 한곳에 모아 집중하고 몰입하여 시간과 공간의 경지가 끊어진 상태를 말한다. 참선을 하는 사람에게 삼매는 무척 중요하다.

놋그릇을 녹여 쟁반을 만들고자 한다면 먼저 놋그릇을 용광로에 넣어 녹여야만 하듯이, 온갖 탐욕과 성냄과 어리석음으로 가득 찬 몸을 바꾸어 깨달음이 담긴 깨끗한 몸이 되게 하기 위해서는 반드시 삼매를 통해 새로 태어나야 한다. 이전의 나는 죽어 없어지고, 전혀 새로운 나로 태어나야 한다. 이것이 참선 수행의 핵심이다.

참선 수행 중인 사람이 삼매에 빠져 있을 때는 정확하게 자기가 무엇을 하고 있는지 강한 알아차림의 상태에 있다. 그러므로 참선 중의 몰입은 스스로 집중하고, 스스로 절제하고, 스스로 깊은 생각에 빠져들어 생기는 몰입이다. 그래서 시간이 가는 줄도, 배가 고픈 줄도, 다리가 아픈 줄도 모르게 된다.

이러한 삼매를 통해 참 깨달음을 얻고자 하는 사람이라면 탐욕과 분노와 어리석음에 찌든 이기적인 마음을 자비심 가득한 마음으로 바꾸고, 원하는 바를 거듭 세워 맹세코 이타적인 사람이 되겠다는 마음이 사무쳐야 한다. 곧 '나와 타인이 서로 다르지 않고自他不二', '나를 위한 것이 곧 타인을 위한 것自利利他'이 되게 할 때 비로소 그 수행은 빛이 나게 된다. 그렇게 하기 위해서는 계와 정, 혜를 잘 실천해야 한다.

여기서 계戒란, 몸과 마음, 말과 행동으로 나쁜 행위를 하지 않고, 해야 할 것과 하지 말아야 할 것을 정확히 지키는 것을 말한다. 정定이란, 흩어진 마음을 안정시켜 고요하고 평안한 경지에 머무는 것을 말한다. 그리고 혜慧란, 번뇌를 없애고 부처의 가르침을 통해 진리를 꿰뚫어 보는 것을 뜻한다.

여기에다 좀 더 세부적이고 구체적인 수행 실천으로 오욕伍欲 (물질, 성, 음식, 명예, 잠자는 것에 대한 다섯 가지 욕구)에 대한 철저한 점검과 삼매의 장애가 되는 오개伍蓋(탐욕과 성냄, 멍하고 게으른 마음, 들뜸과 후회, 의심)를 없앨 수 있다면, 이타심과 이타행으로 무장한 참된 선지식인이 될 것이다.

오욕은 탐하면 탐할수록 더욱 심해져서 마치 가려운 곳에 가려움을 더 보태는 것과 같다. 오욕이 아무런 이익이 없는 것은 마치 강아지가 뼈다귀를 물고 다니는 것과 같고, 오욕이 분쟁을 더하는 것은 까마귀가 고깃덩어리를 놓고 서로 싸우는 것과 같다. 오욕이 사람을 불태우는 것은 마치 역풍 앞에 횃불을 드는 것과 같고, 오욕이 사람을 해치는 것은 마치 독사를 밟은 것과 같다. 오욕이 아무런 득이 없는 것은 마치 꿈속에서 금은보화를 얻은 것과 같고, 오욕이 영원하지 않는 것은 마치 임시로 빌린 것이 잠시뿐인 것과 같다.

따라서 참선을 하는 사람은 반드시 오욕을 먼저 없애지 않으면 안 된다고 했다. 오욕을 없애 모든 산란심과 탐착(만족할 줄 모르고 사물을 더욱 갈망하며 집착함)에서 벗어나는 것이 참선의 중요한 가르침이라는 것을 명심해야 할 것이다.

: 어른에게 덤비는 세 살 어린 아이 :

길을 걸어가고 있는데 이제 막 말을 배우기 시작한 세 살 어린
아이가 욕을 한다면 어떻게 반응해야 할까? 이때 기분 나빠하거
나 세 살 어린 아이의 멱살을 잡고 왜 욕을 하느냐고 따질 어른은
아무도 없을 것이다. 대신 백이면 백 모두 싱긋 웃고 말 것이다.

왜 그럴까? 어른이 아이보다 깊기 때문이다. 자신은 어른이고,
아이가 아직 어려 뭘 잘 모른다는 것을 너무나 잘 알기 때문이다.
그렇기 때문에 아이에게 욕을 들어도 기분이 나쁘지 않고 성질이
나지도 않으며 오히려 허허 하고 웃을 수 있는 것이다.

그렇다면 이런 상황은 어떨까? 누군가 자신에게 무례하게 굴
거나 얼토당토 않는 논리를 앞세우며 불이익을 줄 때 대부분의

사람들은 기분 나빠하고, 심하면 화를 내며 싸우기도 한다. 그런데 바로 이때, 자신에게 그런 행동을 한 사람을 마치 아무것도 모르는 세 살 어린 아이가 어른에게 욕을 한 것처럼 생각하고 허허 웃어넘긴다면 어떻게 될까?

내려놓음

乃放舍諸緣하고 休息萬事하야 身心一如하고 動靜無間이니라.
量其飲食하야 不多不少하고 調其睡眠하야 不節不恣니라.

일체의 반연(기대어 인연을 맺는 일)을 놓아 버리고 만 가지 일에서 잠
시 벗어나 몸과 마음을 한결같이 해 움직임과 고요함 가운데 틈이
없어야 한다. 음식의 양을 조절해 너무 많이 먹거나 너무 적게 먹지
말고, 잠을 조절해 너무 적게 자거나 지나치게 많이 자지 않도록 해
야 한다.

乃 이에 내	放 놓을 방	舍 집 사	諸 모든 제	緣 연줄 연
休 쉴 휴	息 숨쉴 식	萬 일만 만	事 일 사	身 몸 신
心 마음 심	一 하나 일	如 같을 여	動 움직일 동	靜 고요할 정
無 없을 무	間 사이 간	量 헤아릴 양	其 그 기	飲 마실 음
食 먹을 식	不 아니 부(불)	多 많을 다	少 적을 소	調 고를 조
睡 졸 수	眠 잠잘 면	節 마디 절	恣 방자할 자	

어떻게 하면 참선을 잘할 수 있는지, 참선을 잘하기 위해 먼저 몸에 익혀야 하는 것이 무엇인지 이야기하면서 여섯 가지를 제시하고 있다. 그 여섯 가지란, 모든 인연을 놓아 버리고放捨諸緣, 모든 일에서 벗어나 휴식을 취하고休息萬事, 몸과 마음이 한결같고身心一如, 움직임과 고요함에 틈이 없으며動靜無間, 음식의 양을 헤아리고量其飲食, 수면을 조절하는 것調其睡眠이다.

거문고를 타기 전에는 마땅히 줄을 잘 조절해 느슨함과 팽팽함이 알맞게 되도록 해야 좋은 소리를 얻을 수 있다. 참선을 할 때도 마찬가지다. 이 여섯 가지를 잘 조절해 반드시 조화롭게 한 뒤에야 비로소 삼매에 들 수 있다. 만약 이 여섯 가지가 조화를 이루지 못한다면 많은 어려움과 장애가 생겨 선근善根(좋은 업을 쌓게 하는 착한 말과 행동, 의지)을 일으키기 어렵다.

불교 수행의 핵심은 조화에 있다. 그 무엇이든 지나쳐도 안 되고 부족해도 안 된다. 조화는 한 사람 한 사람이 자신을 버릴 때 이루어진다. 중도란 좌와 우의 양끝의 한가운데를 뜻하는 것이 아니다. 집착하고 어리석음에서 벗어난 가장 적절한 상태를 말한다. 곧 부처가 구체적으로 제시한 바르게 사는 여덟 가지 길, 8정도와 같은 개념이다. 그러므로 중도를 실천하려면 먼저 자신을 버림으로써 조율되고 조절되어 조화를 이루어야 한다.

만약 각각의 거문고 줄이 하나같이 팽팽하기만을 고집한다면 어떻게 될까? 반대로 모두 느슨하기만을 고집해도 결코 아름다운 소리를 얻을 수 없을 것이다. 거문고가 아름다운 소리를 내기 위해서는 각각의 줄이 자기 고집을 버리고 팽팽함과 느슨함이 서로 조화를 이루어야 한다. 그렇게 각자 조금씩 양보할 때 비로소 거문고는 아름다운 소리를 낼 수 있다.

적당한 때에 내려놓고
적절한 곳에서 돌아서다

참선을 할 때는 방사제연放舍諸緣 해야 한다고 했다. 이 말은 모든 반연攀緣에 집착하지 않고 놓아 버려야 한다는 뜻이다. 여기서 반연이란, '얽혀 맺어지는 모든 인연'을 말한다. 따라서 참선을 잘하기 위해서는 사사로운 이익이나 희로애락을 비롯해 그 무엇에도 집착하지 않아야 한다.

아프리카에 사는 어느 부족은 아주 특별한 방법으로 원숭이를 잡는다. 쓰러진 나무 등걸에 작은 구멍을 뚫은 다음, 그 안에 원숭이가 좋아하는 견과류나 과일을 넣어 두면 냄새를 맡은 원숭이가 다가와 먹이를 집어내려고 구멍 안으로 손을 집어넣는다고 한다. 그때 다가가 그물을 던지기만 하면 아주 손쉽게 원숭이를 잡을 수 있다고 한다.

원숭이가 손을 집어넣은 구멍은 너무 작아 먹이를 움켜쥐면 손이 빠져 나올 수가 없다. 손을 빼내 도망가기 위해서는 움켜쥔 먹이를 내려놓아야 한다. 하지만 원숭이는 먹이를 움켜쥘 줄만 알지 내려놓을 줄을 모르다 보니 그물을 든 사람이 가까이 다가오는데도 손을 빼지 못해 결국 그물에 걸리고 마는 것이다.

톨스토이가 쓴 「사람은 얼마만큼의 땅이 필요한가?」라는 짧은 소설에도 이와 비슷한 이야기가 나온다. 이 소설에 등장하는 바흠은 땅 욕심이 아주 많은 사람이었다. 바흠은 땅을 더 많이 가질 수 있다면 무슨 짓이든 하는 사람이었다. 그리하여 싸고 좋은 땅이 있다면 주저 없이 살던 집과 땅을 팔고 이사를 하곤 했다.

그런 그에게 어느 날 정말로 싸고 좋은 땅을 팔겠다고 하는 사람이 나타났다. 그 사람은 바흠에게 해 뜬 뒤부터 해 질 때까지 그가 밟고 지나간 땅을 1천 루블에 주겠다고 하면서 필요한 만큼 가지라고 했다. 눈앞에 펼쳐진 비옥한 땅 앞에서 바흠은 흥분하지 않을 수 없었다. 그리하여 한 평이라도 더 많이 가질 욕심에 지평선을 향해 걷고 또 걸었다. 그가 걸어가는 만큼 그의 땅이 되기 때문이었다.

그러다가 바흠은 어느 순간 너무 멀리 왔다는 생각이 들었다.

뒤를 돌아보니 출발한 지점이 까마득히 보였고, 어느새 해는 기울고 있었다. 놀란 바흠은 돌아서서 달리기 시작했다. 해가 지기 전에 출발한 곳으로 돌아가지 못하면 모든 것이 물거품이 되기 때문이었다. 바흠은 죽을 힘을 다해 뛰었고, 해가 지기 직전에 출발 지점으로 돌아갈 수 있었다. 하지만 더운 날씨에 너무나 무리를 해서 달렸기 때문에 출발 지점에 도착하자마자 피를 토하고 쓰러져 죽고 말았다.

이 두 이야기는 집착이 어떤 결과를 가져다주는지를 잘 보여주고 있다. 이 이야기를 듣는 사람들은 한결같이 어리석은 원숭이와 바흠을 흉보기 쉽다. 그렇지만 누구라도 원숭이의 입장이 되었을 때 움켜진 손을 놓기란 쉽지 않다.

바흠도 마찬가지다. 자신이 밟은 땅이 모두 자기 것이 되는 상황에서 욕심을 내려놓기는 참으로 어렵다. 하지만 우리는 그러한 집착에서 벗어나야 한다. 욕심에서 도망쳐 나와야 한다. 무엇이든 집착하면 그 결과는 더 큰 파멸을 가져오기 때문이다.

원숭이가 움켜진 손을 펴고 먹이를 내려놓을 수 있었다면, 바흠이 걸음을 멈추고 적당한 곳에서 되돌아갈 수 있었다면 모두 죽음을 피할 수 있었을 것이다. 이처럼 우리에게는 적절한 상황에서 내려놓을 줄 알고, 적당한 곳에서 되돌아설 줄 아는 지혜와 용기가 필요하다.

만 가지 일을 하되 집착하지 않고
보고 들은 것에 물들지 않는다

참선을 하는 사람은 '만 가지 일에서 휴식할 수 있어야 한다' 고 했다. 우물에 빠진 사람은 오직 우물 속에서 빠져 나올 생각만 해야 한다. 그래야만 살 수 있다. 그렇지 않고 체면을 생각하고 위신을 생각하면 우물에서 빠져 나올 수 없다. 조선 시대 양반들은 비가 와도 뛰지 않고, 심지어 집에 불이 나도 뛰어가지 않았다는 우스갯소리가 있다. 집에 불이 나면 얼른 뛰어가 당장 불 끄는 일에 매진해야 한다. 그래야만 불을 끌 수 있다. 그 순간에도 체면과 위신을 생각하면 불을 끌 수 없다. 마찬가지로 참선을 할 때는 오직 참선만 생각해야 한다.

참선을 하는 사람은 지혜와 깨달음을 얻고자 결심한 사람이다. 이런 사람이 오욕伍慾(물욕, 색욕, 음식욕, 명예욕, 수면욕)에 집착하고 탐진치貪瞋癡(탐욕과 성냄과 어리석음)에서 자유롭지 못한다면 참된 수행자의 모습이라 할 수 없다.

참선을 하는 사람은 모름지기 만 가지 일에 얽매이지 않아야 한다. 자기 주변의 세속적인 일들을 정리할 수 있어야 한다. 이것은 모든 일에 무심할 수 있어야 한다는 뜻이기도 하다. 무심과 무관심은 다르다. '밖에서 일어나는 모든 일을 쉰다'는 것은 밖에서 일어나는 모든 일에 무관심하게 된다는 것이 아니라 무심無心하게 된다는 뜻이다.

무관심과 무심을 잘못 알아듣는 경우가 자주 있다. 무관심이란, 만사에 무디고 신경을 쓰지 않으며 자신과 무관한 일에는 상대방이 죽는다고 해도 신경을 쓰지 않는 것을 말한다. 하지만 무심이란, 만 가지 일을 하되 한 바가 없으며, 만 가지에 관심을 가지고 대하지만 자랑하지 않고 자신이 한 일을 내세우지 않으며 집착하지 않고 단지 행할 뿐인 것을 말한다. 한마디로 만 가지 일에 초연하여 마음으로 얽매이지 않으니 무집착이라 할 수 있다.

고려 중기 보조국사 지눌(1158~1210)은 평생 우행호시牛行虎視의 삶을 살았다. 우행호시란, 소와 같이 묵묵히 걷고 호랑이처럼 본다는 뜻이다. 호랑이는 무엇인가를 볼 때 흘겨보거나 고개만 돌려 보는 법이 없다. 언제나 몸까지 돌려 정면으로 쏘아본다. 그렇게 온전히 바라볼 때 깊은 통찰을 가질 수 있고 사물을 직시할 수 있다. 그리하여 올바른 판단을 이끌어내게 되고, 그에 따라 적절하고 올바른 목표를 가지게 된다. 이처럼 지눌은 호랑이처럼 보고, 그런 다음 소의 걸음으로 꾸준히 그 목표를 향해 걸었다.

지눌이 소의 걸음으로 우직하게 걸은 것이 바로 무심이다. 그러다보니 남의 칭찬이나 비방에 마음이 흔들리지 않았으며, 성품이 인자하고 참을성이 강한 삶을 살 수 있었던 것이다. 참선을 하는 사람에게 필요한 것이 바로 이것이다. 보고 들은 것에 물들지 않고, 집착하는 모든 것을 버리고, 배워서 알게 된 것도 버리고, 닦아서 이룬 것까지 버릴 수 있어야 한다.

여기서 조심해야 할 것이 한 가지 있다. 배워서 알게 된 것마저 버려야 한다면 '처음부터 배우지 않는 것이 더 나은 것이 아닌가?'하는 생각을 할 수 있다. 하지만 그렇지 않다. 배우지 않고 노력하지 않는 것은 참으로 버리는 것이 아니다. 배우고 노력해서 이룬 것을 버릴 때만이 참으로 버리는 것이 된다. 버리고 또 버려서 더 이상 버릴 것이 없는 자리가 진정한 자리이기 때문이다. 나를 위해 최선을 다하고 난 후 이루어진 것을 버리는 것, 이것이 참 깨달음이라 할 수 있다.

성장이란
자기 몸의 주인이 되어 가는 과정

몸과 마음이 한결같다는 것은 몸과 마음이 하나가 되어 이성적理性的인 지각知覺과 감성적感性的인 감각感覺이 하나가 된다는 것을 뜻한다. 그런데 사람들은 몸과 마음이 따로 놀아 몸이 해서는 안 될 일을 마음이 하고, 마음으로는 하지 말아야 한다는 것을 잘 알면서도 몸을 다스리지 못해 지각과 감성의 갈등을 겪곤 한다.

또 마음으로는 강한 의지와 함께 수행의 방편을 찾아 정진하고자 하지만 몸이 동물적 감각에 끌려 생명을 죽이고殺, 남의 것을 훔치고盜, 삿된 마음을 품는淫 식으로 계율을 깨뜨려 뜻을 성취하지 못하기도 한다. 이는 모두 몸과 마음이 하나가 되지 못하기 때문에 벌어지는 일들이다.

만약 사람이 몸과 마음이 하나 되어 한결같이 순수한 마음으로 일관할 수 있다면, 이런 사람은 자신을 마음대로 할 수 있고 세상의 주인이 될 수 있을 것이다. 하지만 자신의 몸과 마음을 조절하여 한결같이 하지 못한다면, 아무리 수행을 한다고 해도 헛수고일 뿐이다.

사람은 누구나 몸을 갖고 있다. 몸에는 손이 있고, 발이 있고, 입이 있고, 가슴이 있고, 머리가 있다. 그런데 과연 우리는 우리 몸의 주인일까? 주인이라면 자신의 몸을 원하는 대로 이끌 수 있어야 한다. 그런데 많은 경우 원하지 않는 행동을 하고, 원하지 않는 말을 한다. 그 때문에 다른 사람에게 상처를 주기도 하고,

자기 스스로 상처를 입기도 한다. 몸과 마음이 하나가 되지 못하는 불균형 때문이다.

마음心과 몸身이 하나가 된다는 것은 마음이 이끄는 대로 몸이 따라가는 것을 말한다. 몸과 마음이 하나가 될 때 비로소 우리는 우리 몸의 주인이 된다.

한 인간이 태어나 성장하는 과정은 끊임없이 자기 몸의 주인이 되어 가는 과정이다. 갓 태어난 아기는 자기 의지대로 할 수 있는 것이 아무것도 없다. 누군가 먹을 것을 줘야 먹을 수 있고, 누군가 옮겨줘야 이동할 수 있다. 나이가 들어 스스로 걷고 스스로 먹을 수 있다고 해도 자신이 판단하고 자신이 결정해 행동할 수 있기까지는 무척 많은 시간이 걸린다. 우리는 이러한 과정을 '교육'이라 이름 붙이고 다양한 것들을 가르친다.

이런 모든 과정은 한 인간이 자신의 몸, 나아가 자신의 생각과 마음 모두의 온전한 주인 노릇을 할 수 있도록 하기 위한 과정이다. 그러한 과정을 제대로 밟았을 때 우리는 그 사람에게 '성인成人'이란 신분을 부여하고 인간으로서 다양한 권리를 누리게 해준다. 물론 그와 동시에 무거운 책임을 지우기도 한다. 자기 몸과 마음의 온전한 주인 노릇을 할 수 있다고 판단하기 때문이다.

하지만 모든 인간이 자기 몸의 주인 노릇을 제대로 하는 것은 아니다. 자기 몸의 주인 노릇을 오롯이 해내지 못하게 될 때 그 사람의 몸에서 나오는 행동은 사회가 용납하지 못하는 일탈 행위가 될 수 있다. 이런 사람에게 사회는 법이라는 이름으로 감옥에 가두는 벌을 준다.

감옥에 가둔다는 것은 그 사람이 자기 몸의 주인 노릇을 못 하게 막는다는 뜻이다. 이제 그 사람은 원하지 않는 시간에 잠을 자야 하고, 원하지 않는 시간에 일어나야 하고, 원하지 않은 옷을 입고, 원하지 않는 음식을 먹고, 원하지 않는 곳에서 살아가야 한다. 우리가 우리 몸의 온전한 주인 노릇을 하지 못할 때 겪게 되는 불행한 현실인 셈이다.

몸과 마음이 하나가 되어 자신이 온전히 자기 몸의 주인 노릇을 하게 되면 몸과 마음에 빈틈이 없게 된다. 자연히 몸과 마음이 갈등을 겪지도 않고, 몸이 원하는 것이 곧 마음이 원하는 것이요, 마음이 원하는 대로 몸이 따르게 된다.

이를 두고 선사들은 동정무간動靜無間이라 하여 '움직이고 고요함에 틈이 없다'고 했다. 이는 말과 행동이 어긋나지 않는다는 뜻이다. 또한 앉아 참선을 할 때나, 일어나 움직일 때나 마음에 변화가 없다는 것을 뜻하기도 한다. 이를 두고 선사들은 '걷는 것도 참선이요, 앉아 있는 것도 참선이요, 말할 때나 침묵할 때, 움직일 때나 고요할 때 모두 몸이 편안하다'고 했다.

무엇을 먹을 것인가

음식을 조절하여 절제하는 것을 조식調食이라 한다. 조식은 부처 당시 수행자들에게 하루에 한 끼만 먹도록 한 것에서 비롯된 것으로, 오랫동안 엄격히 절제되어 온 것이라 할 수 있다. 먹는 것과 잠자는 것은 수행이 깊어지면 자연히 조절되는 것이지만 천년을 이어오는 「좌선의」에서 이를 각별하게 강조하는 것은 음식 조절이 참선을 시작하는 초심자에게 무척 중요하기 때문이다.

사실 음식과 참선은 무척 가까운 관계가 있다. 지나치게 배불리 먹으면 기氣가 압박을 받아 맥이 통하지 않아 호흡이 급하게 되고, 마음이 산란해져 참선을 해도 마음이 불안하게 된다. 반대로 지나치게 적게 먹으면 몸이 여위고 마음이 불안하여 생각이 견고하지 못하게 된다. 그러므로 이 두 가지 모두 참선에 방해가 된다.

한편 정갈하지 못하거나 탁한 음식을 먹는 것도 좋지 않다. 정갈하지 못한 음식을 먹으면 마음과 의식이 혼미하게 되고, 적절하지 못한 음식을 먹으면 병이 생겨 움직이거나 잠을 자는 데 방해를 받게 된다. 그러므로 참선을 하는 사람은 반드시 음식을 가려 먹어야 한다.

오늘날 음식은 넘쳐나지만 제대로 된 음식을 찾기는 참 어렵다. 특히 청소년들은 온갖 유해한 음식들의 유혹을 많이 받는다. 유해한 음식이란 사람의 몸은 생각하지 않고 오직 혀끝에서 느껴지는 맛에만 주의를 기울인 음식으로, 지속적으로 먹게 되면 병이 나거나, 당장은 병이 나지 않는다고 해도 마음과 의식이 혼미해져 정신이 맑지 못하게 된다. 정신이 맑지 못한 학생들이 공부를 열심히 하고 친구들과 좋은 관계를 맺고 유지하기는 쉽지 않다.

서양 철학에서는 '나는 곧 내가 먹은 것이다'라는 말이 있다. 한 인간의 본질이 오직 그 사람이 먹은 것일 뿐은 아니겠지만, 그만큼 음식이란 단지 목숨을 유지한다는 차원을 넘어 사람에게 중요한 것이다. 그러다보니 '당신이 무엇을 먹고 살았는지 말해주면 당신이 어떤 사람인지 말해줄 수 있다'는 말도 있는 것이다.

원효대사는 나무뿌리와 껍질로 주린 배를 위로하는 정도로 먹으라고 했다. 부처도 목숨을 연명할 정도만 먹도록 했다. 물론 현대사회를 살아가는 우리가 그렇게 먹을 수는 없을 것이다. 하지만 지나치게 많이 먹는 것과 다이어트를 위해 지나치게 적게 먹는 것, 그리고 온갖 인스턴트 음식은 분명히 경계해야 할 것이 틀림없다.

너무 많이 자지도
너무 적게 자지도 말아야 한다

잠은 어리석음(무명無明)이라 부른다. 그러므로 이를 가볍게 여겨서는 안 된다. 잠 역시 음식과 마찬가지로 지나치면 참선을 방해할 뿐만 아니라, 마음을 어둡게 해 선근善根을 사라지게 한다. 그러므로 수면을 조절하여 정신과 기운을 맑게 하고 생각과 마음을 밝고 깨끗하게 해야 한다.

옛날 큰스님들은 잠을 이기기 위해 목침을 동그랗게 만들어 베고 잤다. 잠이 깊이 들어 둥근 목침에서 미끄러져 머리를 찧으면 다시 일어나 참선을 하기 위해서였다. 또 어떤 스님은 졸음을 물리치기 위해 뾰족한 송곳을 들고 참선을 하며 도를 성취했다고 하니 참선하는 사람에게 잠은 넘어야 할 큰 걸림돌 가운데 하나임이 틀림없다. 그래서 옛 선사들은 수면을 마구니라 불렀다. 이 마구니는 얼음침상에 눈 이불을 덮고 있다 해도 느끼지 못하는 사이에 다가와 사람을 무력하게 만든다고 했다. 그만큼 경계해야 하는 것으로 보았던 것이다.

목어와 목탁도 수행자들의 잠을 경책하기 위해 만든 도구이다.

나무로 만든 물고기, 무엇보다 잉어 모양을 만들어 걸어두고 두드리는 목어는 물고기의 배 부분을 파내고 배 부분 안쪽의 양 벽을 나무 막대기로 두드려 소리를 내는 법구로, 게으른 수행자를 경책하는 뜻이 담겨 있다.

옛날 어떤 스님이 스승의 가르침을 어기다가 죽은 뒤에 물고기의 과보를 받고 태어났다. 어느 날 그 스승이 배를 타고 바다를 지나가는데 등에 커다란 나무가 난 물고기가 나타났다. 그 물고기는 예전에 지은 죄를 참회하며 등에 난 나무를 없애 주기를 애원했다. 그러자 스승은 수륙제水陸齊(물이나 육지에 사는 미물과 외로운 영혼을 천도하는 법회)를 베풀어 물고기의 몸을 벗어나게 해주었다. 그러자 그날 스승의 꿈에 나타난 제자는 감사를 드리고는 서원을 했다고 한다.

"저의 등에 난 나무를 베어 저와 같이 생긴 물고기 형상을 만들어 나무막대로 쳐 주십시오. 그 소리는 수행자에게는 좋은 교훈이 될 것이고, 물고기들에게는 해탈할 수 있는 좋은 인연이 될 것입니다."

스승은 그 부탁에 따라 나무로 물고기 모양을 딴 목어를 만들어 모든 사람들을 경책했다고 한다. 이렇듯 옛 선사들은 지나친 수면을 늘 경계했지만, 오늘날 현대인들은 오히려 부족한 수면과 질 낮은 수면이 더 큰 문제가 되고 있다. 밤이 깊어도 꺼지지 않는 도시의 불빛으로 사람들은 쉽게 잠들지 못한다. 게다가 깊게 잠들지도 못한다. 그러다보니 늘 만성적인 수면 부족과 수면 불량에 시달리고 있다. 이런 부족하고 불량한 수면이 몸과 마음에 나쁜 영향을 미쳐 참선을 방해하는 요소로 작용하고 있는 것이다.

『초발심자경문』에는 '3경(밤 9시부터 새벽 3시까지의 6시간)'을 제외한 시간에는 잠을 자지 말라고 했다. 이 말은 바꾸어 말하면, 이 시간에는 반드시 잠을 자야 한다는 뜻이기도 하다. 그런데 오늘날 밤 9시에 잠을 자는 사람은 특수한 직업에 종사하는 사람이 아니고는 거의 없다. 9시는 고사하고 12시, 1시가 되어도 잠들지 못하는 현대인들이 많다. 그러한 불면의 밤은 다음날의 생체리듬을 엉망으로 만들고 만다.

음식과 수면을 조절하는 것은 어찌 보면 사소한 일처럼 여겨지기 쉽다. 하지만 참선은 이런 사소한 것의 조절과 절제로부터 시작되는 것이며, 이것이 실패하면 멀고 험한 수행의 길은 오래 지속되지 못하고 좌절되기 쉽다. 그러므로 사소하다고 생각하지 말고 수행 초기부터 잘 조절하고 절제하면 자신이 생각하는 것보다 훨씬 빨리 선정에 이를 수 있을 것이다.

: 물이 깊으면 차갑다 :

여름 한낮에 더위를 식히고 싶은 생각에 두 사람이 강물에 들어갔다. 그런데 강가 얕은 물은 밋밋하기만 할 뿐 도무지 시원하지가 않았다. 그래서 두 사람은 안으로 더 걸어 들어갔다.

물은 깜짝 놀랄 정도로 차가웠다. 그러자 한 사람은 기겁하며 물가로 나와 버렸다. 하지만 한 사람은 온몸에 물을 적시며 더 안으로 걸어 들어갔다.

안으로 들어간 그 사람은 강물이 정말 시원하다며 강가에 서 있는 사람에게 안으로 들어오라고 손짓을 했다. 그러자 강가로 물러났던 사람은 다시 안으로 들어갔다. 하지만 갑자기 물이 차가워지자 놀라면서 또 다시 뒤로 물러나고 말았다.

잠시 후, 강물 깊은 곳에서 시원하게 몸을 식힌 사람은 몸과 마음이 상쾌해진 채 밖으로 나왔다. 하지만 다른 한 사람은 끝내 물속에 들어가지 못하고 겨우 장딴지 정도만 적신 채 강가에 앉아 있었다. 두 사람이 강에 갔지만 한 사람은 더위를 완전히 식힐 수 있었고, 한 사람은 겨우 종아리만 적시고 말았다.

참선도 이와 마찬가지다. 참선의 즐거움을 맛보기 위해서는 조금씩 깊은 곳으로 들어가야 한다. 강물 속으로 깊이 들어가다 보면 어느 순간 발바닥이 차가워지면서 깜짝 놀라 되돌아 나가고 싶은 생각이 들 때가 있는 것처럼, 참선을 할 때도 멈추고 돌아서고 싶은 순간이 있다. 하지만 그 순간을 참고 앞으로 계속 가야 한다. 그래야만 참선의 진정한 맛을 경험하게 된다.

많은 사람들이 앉아 참선을 한다. 그렇지만 몸과 마음이 하나가 되어 완전히 몰입하는 사람과 온갖 잡념에 사로잡혀 그저 앉아 있는 사람이 참선을 통해 느끼고 얻는 것이 같을 수 없다. 깊은 강물 속으로 들어가 차가운 물에 몸을 담근 사람은 정신이 번

쩍 들 정도로 시원한 상태를 경험하겠지만, 강가에서 미지근한 물에 겨우 장딴지 정도만 담그고 나온 사람은 강물의 시원함을 알지 못하는 것과 마찬가지다.

강가의 미지근한 물과 깊은 곳의 차가운 물은 차원이 다르다. 마찬가지로 참선이라고 다 같은 참선이 아니다. 몰입하고 몰입해 몸과 마음이 하나가 되는 순간, 그 사람은 전혀 다른 세계를 경험하게 된다. 한마디로 차원이 달라지게 된다. 그렇게 되기 위해서는 참고 우직하게 앞으로 나아갈 필요가 있다.

결가부좌

結跏趺坐

欲坐禪時에는 於閑靜處에 厚敷坐物하고 寬繫衣帶하야 令威
儀齋整然後에 結跏趺坐하되, 先以右足으로 安左腿上하고 左
足을 安右腿上이요, 或半跏趺坐도 亦可로되 但以左足으로 壓
右足而已니라.

좌선을 할 때는 고요한 곳에서 방석을 두껍게 깔고, 허리띠를 느슨하게
하여 몸가짐을 가지런히 한 후에 결가부좌하되, 먼저 오른발을 왼쪽 넓
적다리 위에 놓고, 왼발을 오른쪽 넓적다리 위에 놓는다. 또는 반가부
좌를 해도 좋은데, 왼발을 오른쪽 넓적다리 위에 올려놓으면 된다.

欲 하고자할 욕   坐 앉을 좌   禪 고요할 선   時 때 시   於 어조사 어
閑 한가할 한   靜 고요할 정   處 머무를 처   厚 두터울 후   敷 펼 부
物 만물 물   寬 너그러울 관   繫 맬 계   衣 옷 의   帶 띠 대
令 하여금 영   威 위엄 위   儀 거동 의   齋 재계할 재   整 가지런할 정
然 그럴 연   後 뒤 후   結 맺을 결   跏 책상다리할 가   趺 책상다리할 부
先 먼저 선   以 써 이   右 오른쪽 우   足 발 족   安 편안할 안
左 왼쪽 좌   腿 허벅다리 퇴   上 위 상   或 혹 혹   半 반 반
亦 또 역   可 가능할 가   但 다만 단   壓 누를 압   而 말이을 이
已 그칠 이

참선은 어떤 상황에서도 할 수 있다. 그렇지만 행주좌와行住坐 臥, 곧 움직이거나, 서 있거나, 앉거나, 눕거나 하는 네 가지 자세 가운데 특별히 앉아서 하는 좌선坐禪을 중요하게 생각하는 데에 는 까닭이 있다.

처음 참선을 하는 사람의 경우 움직이거나 서 있는 상태에서 는 집중하기가 무척 힘들다. 그리고 눕는 자세는 잠들기가 쉽다 는 단점이 있다. 그러므로 참선을 이제 막 시작하는 사람이라면 앉아서 하는 좌선이 가장 좋다. 그렇게 훈련을 한 다음, 삼매三昧 의 힘이 강해지면 어떤 자세에서도 집중할 수 있는 힘을 가지게 된다.

「좌선의」에서 설명하고 있는 참선의 자세는 옛날부터 지금까 지 변하지 않고 전해져 내려오고 있는 전통 좌법이다. 그러므로 지금도 우리나라에서는 이 좌법을 그대로 사용하고 있다.

좌선을 할 때는 먼저 장소를 잘 골라야 한다. 이것을 '택처擇 處'라고 한다. 산사나 선방이면 더할 나위 없이 좋겠지만 그렇지 않은 경우라도 수행하는 동안 어떠한 방해도 받지 않고 집중할 수 있는 조용하고 정갈한 장소를 고르는 것은 중요하다. 참선을 잘하기 위해서는 좌선을 하는 동안 방해하는 것이 전혀 없어야 하기 때문이다.

이제 막 참선을 시작한 사람이라면 늘 같은 장소에서 같은 시간에 하는 것이 좋다. 그리고 더 중요한 것은 선지식으로부터 지도를 받을 수 있는 곳, 다시 말해 참선 후에 선지식이 풍부한 법문을 들을 수 있는 곳이면 더욱 좋다.

가끔 선방에 다른 종교의 지도자들이 오는 경우가 있다. 그 사람들은 참으로 열심히 참선을 한다. 그러다보니 다른 사람들보다 비교적 빨리 참선을 배운다. 그런데 어느 순간부터 정체 현상을 보인다. 그리고 어느 경지까지 오르고 나면 더 이상 올라가지 못하는 것을 많이 보았다. 왜 그런가 자세히 살펴보니 그들은 참선만 할 뿐 옛 선사들의 가르침을 중요하게 생각하지 않았기 때문이었다.

⌣

몸을 다스리되
변하는 것은 마음이다

참선이 바른 자세로 자리에 앉아 호흡을 다스리고 정신을 모으는 것이라고 해서 기계적인 동작을 연마하는 것은 아니다. 모양을 갖춘 자세로 앉아 몸을 다스리는 것이기는 하지만, 궁극적으로는 마음을 다스리는 것이다.

그러므로 마음이 움직이고 변해야 한다. 이때 선지식이 풍부한 법문은 마음의 변화를 일으키는 데 많은 도움을 준다. 따라서 법문을 들을 수 있는 여건이 되지 못한다면 참선과 관련한 다양한 책을 읽는 것도 아주 좋다.

장소가 정해졌으면 방석을 두껍게 깔고 허리띠를 느슨하게 하여 몸가짐을 가지런히 한 후에 결가부좌를 하고 앉으면 된다. 사람마다 몸이 다르기 때문에 방석 높이는 자신의 몸에 맞게 하는 것이 좋다. 앉았을 때 두 무릎이 땅에 닿고, 허리가 곧게 펴지며, 불편하지 않아야 한다.

좌선을 할 때 가장 이상적인 자세는 결가부좌結跏趺坐다. 이때 '가跏'는 발바닥을 뜻하고, '부趺'는 발등을 뜻한다. 따라서 결가부좌란, 두 발을 교차시킨 다음 좌우의 발등을 두 넓적다리 위에 놓는 것을 말한다. 부처는 반드시 결가부좌로 앉았기 때문에 결가부좌를 부처의 좌법이라고도 한다. 그리고 이것은 선정을 나타내는 모양이기도 하다.

결가부좌는 다리를 엮는 순서에 따라 두 가지로 나뉜다. 먼저 오른발을 왼쪽 넓적다리 위에 놓게 되면 길상좌吉祥坐가 되고, 왼발을 오른쪽 넓적다리 위에 놓으면 항마좌降魔坐가 된다. 흔히 길상좌가 가장 좋은 자세이며, 항마좌는 그 다음이 된다고 하는데,

길상좌를 가장 좋은 자세로 여기는 이유에 대해『혜림음의慧琳音義』(당나라 승려 혜림이 지은 책으로, 불전에 나오는 난해한 어구의 발음과 의미를 해설한 책)에서는 다음과 같이 말하고 있다.

여래께서 성도를 이루실 때 몸은 길상좌를 하고 왼손으로 땅을 가리켜 악마를 항복시키는 '인'(손 모양)을 하셨다. 만일 수행하는 사람이 늘 이 앉는 자세를 익힐 수 있다면 능히 모든 삼매와 상응할 것이므로 최승이라고 한다.

한편, 길상좌는 성도의 좌상이라 하는데 대부분의 수행자가 길상좌를 택하고, 항마좌는 깨달음 전의 좌법이라 하여 부득이할 때 가끔 사용하기도 한다. 그러므로 앉는 방법으로서는 원래 길상좌가 전통적인 것이었다.

그런데 불교가 중국으로 건너가면서 항마좌가 전통이 되어 오늘날 우리나라에서는 항마좌가 주를 이루고 있다. 그 까닭은 인도에서는 오른쪽은 깨끗하고 왼쪽은 부정하다고 생각하여 깨끗한 것으로 부정한 것을 누른다는 의미로 길상좌를 가장 좋은 것으로 택했지만, 중국에서는 음양사상을 바탕으로 오른쪽은 양陽인 동시에 동상動相(움직이는 모양)이며, 왼쪽은 음陰인 동시에 정상靜相(정지해 있는 모양)이라 하는 관습이 있다. 그러다보니 고요하고 정적인 선정禪定을 수행하기 위해서는 음陰이면서 고요하다고 여기는 왼쪽 발로 동적인 오른쪽 발을 눌러 제압해야 했으니, 이런 의미로 항마좌가 전통적인 좌법이 된 것이다.

하지만 더 중요한 것은 어느 한쪽으로 치우치지 말고 좌우가 균형이 맞는 것이다. 그러므로 앉을 때마다 하루는 왼쪽으로, 하루는 오른쪽으로 다리 모양을 번갈아 바꿔 앉는 것이 좋다. 한쪽으로만 되풀이해서 앉게 되면 몸의 모양이 불균형하게 되어 건강을 해칠 수 있기 때문이다.

많은 좌법이 있지만 부처가 오직 결가부좌만을 한 까닭은 『대지도론大智度論』(인도 대승불교 초기의 고승인 용수가 지은 '대품반야경'을 풀이한 책) 7권에 잘 나와 있다. 그 내용을 보면 이러하다.

결가부좌는 모든 좌법 중에 가장 편안해 피로하지 않고, 마음이 산란하지 않아서 사위의四威儀(네 가지 몸가짐으로 걷고, 앉고, 눕고, 머물고를 뜻함) 가운데 가장 좋은 자세이므로 도법道法의 좌법이라고 하며, 또한 마왕魔王이 이 좌상을 보면 두려움을 느끼고, 가부좌가 그려진 그림을 보는 것만으로도 두려움을 느낀다.

한편, 부처 역시 제자들에게 결가부좌로 앉으라고 가르쳤다. 부처 당시 산과 들에는 다양한 수행자들이 많았다. 그들 가운데는 늘 발을 들고 있는 사람도 있었고, 어떤 사람은 24시간 서 있기도 하고, 어떤 사람은 발을 어깨 위에 올려놓고 있기도 했다. 하지만 부처는 그런 자세들은 마음을 사악한 바다에 빠지게 하고, 몸을 편치 못하게 만든다고 했다. 그리하여 제자들에게 결가부좌를 하고 앉아 몸을 곧게 한 다음 선정에 들도록 가르쳤던 것이다.

참선할 때 가장 바른 자세는 결가부좌지만 결가부좌가 잘되지 않는 사람은 반가부좌를 해도 된다. 반가부좌는 한쪽 다리를 다른 쪽 다리의 허벅지 위에 올리는 것이다. 결가부좌나 반가부좌 모두 앉는 자세로는 가장 과학적인 자세로서 지구력과 집중력을 높일 수 있는 자세다.

참선하는 것을 두고 흔히 '앉는다'는 표현을 쓴다. '앉은 지 좀 오래됐다'는 말은 제법 오랫동안 참선을 했다는 말이다. 이렇듯 참선을 말할 때 많은 경우 '앉는다'라고 표현하는 것은 그만큼 참선에 있어 앉는 자세가 중요하다는 뜻이다.

아무리 정신을 가다듬고 있다고 해도 책상에 엎드린 자세로는 교사의 설명을 잘 들을 수 없다. 아무리 정신을 바짝 차린다 해도 책상에 엎드리면 잠이 오게 마련이기 때문이다. 반대로 잠이 오고 집중이 잘되지 않는 상태지만 자세를 똑바로 하면 어느 정도 집중력이 생기기도 한다. 자세가 그 사람의 정신에 얼마나 큰 영향을 미치는지 단적으로 보여주는 예다.

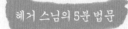

: 아는 것을 행동으로 옮기는 힘, 혜력 :

'일기진심수사신一起嗔心受蛇身'이란 말이 있다. '한 번 화를 내면 그 과보로 다음 생에 뱀 몸을 받는다'는 뜻이다. 옛날 스님들은 이 말을 늘 가슴에 새기고 다니면서 화내는 것에 대해 무척 경계했다.

과학자들에 따르면 작은 일에도 쉽게 화를 내는 사람은 그렇지 않은 사람에 비해 더 빨리 죽는다고 한다. 실제로 대학에 입학한 스무 살 신입생들의 성격을 조사한 다음, 50살이 되기까지 30년 동안 추적조사를 한 어떤 연구결과에 따르면, 화를 자주 내는 사람들 그룹에서는 14%의 사람들이 조기 사망을 한 반면, 화를 잘 내지 않는 사람들 그룹에서는 단 2%만이 조기 사망을 했다고 한다.

이런 이야기를 듣고 나면 많은 사람들이 '이제부터는 화를 내지 말아야겠구나' 하는 생각을 할 수 있다. 그런데 그 다짐이 그렇게 오래 가지는 않는 것 같다. 세상에 화를 내는 사람들이 여전히 많은 것을 보면 말이다. 그렇다면 왜 사람들은 화가 건강과 수명에 나쁜 영향을 미친다는 것을 알면서도 화를 잘 다스리지 못하는 것일까?

아는 것을 행동으로 옮기는 힘을 '혜력慧力'이라 하는데, 화가 건강과 수명에 악영향을 미치는 것을 알면서도 화를 참지 못하는 것은 이 혜력이 부족하기 때문이다.

아는 것을 행동으로 옮기기 위해서는 마음의 조절력이 강해야 한다. 그래야 기분 나쁘고 화나고 손해 보는 상황에서 마음을 다스릴 수 있고, 더 자고 싶고, 더 먹고 싶고, 더 놀고 싶을 때 자신의 행동을 조절할 수 있게 된다. 이처럼 자신의 마음을 조절할 수 있는 힘이 강할 때, 머리로 알고 있는 것을 행동으로 옮길 수 있게 되는데, 이 힘이 바로 혜력이다.

선
정
인
禪定印

次以右手로 安左足上하고 左掌을 安右掌上하야 以兩手大拇
로 指面相拄하고 徐徐擧身前欠하되 復左右搖振이라야 乃正
身端坐니라.

다음으로 오른손은 왼발 위에 놓고, 왼쪽 손등은 오른쪽 손바닥 위에
놓으며, 두 손의 엄지손가락 끝을 서로 맞댄 뒤 천천히 몸을 세워 앞과
뒤, 왼쪽과 오른쪽으로 몇 번 움직여 몸을 바르게 한 뒤 단정히 앉는다.

次 버금 차	以 써 이	安 편안할 안	掌 손바닥 장	兩 둘 양
拇 엄지손가락 무	指 손가락 지	面 낯 면	相 서로 상	拄 버틸 주
徐 천천히 서	擧 들 거	身 몸 신	前 앞 전	欠 하품 흠
復 다시 부	搖 흔들릴 요	振 떨칠 진	乃 이에 내	正 바를 정
端 바를 단	坐 앉을 좌			

참선을 하기 위해 앉을 때 손의 자세는 발의 자세를 따라야 한다. 만약 왼발을 위에 올려놓았다면 오른손을 밑에 놓고 왼손을 그 위에 포개어 가지런히 하되 엄지손가락이 서로 맞닿도록 하고, 만약 오른발이 위에 있을 때는 손을 바꾸어 왼손을 밑에 놓고 오른손을 위로 하여 두 엄지손가락이 서로 맞닿도록 하면 된다.

결가부좌를 취할 때 발과 손의 자세를 같이하는 이유는 기機의 역리현상을 막아 몸 안의 기가 잘 통하게 하기 위해서다. 이와 같이 발과 손의 위치가 정해져 바르게 앉고 난 뒤에는 몸을 천천히 앞과 뒤, 왼쪽과 오른쪽으로 흔들어주면 긴장이 풀어지면서 자세가 더욱 바르게 된다. 몸을 잠시 흔드는 것은 자칫 경직되기 쉬운 것을 막아주기 위해서다.

손 모양은 부처의 귀중한 가르침

참선을 할 때 자세는 반듯해야 하지만 경직되는 것은 좋지 않다. 자세가 경직되면 온몸의 긴장도가 높아져 피곤하게 되고 오래 앉아 있기도 어려울뿐더러 앉아 있는 동안 몸이 불편해져 집중력이 떨어지고 만다.

결가부좌를 취할 때 하는 손 모양은 선정인禪定印인데, 예로부터 망념을 버리고 마음을 한곳에 모아 삼매경에 들게 하는 손 모양이라 했다. 선정인은 오직 결가부좌 상태의 부처에게서만 볼 수 있다. 따라서 꼭 선정에 들고 말겠다는 강한 의지를 나타내는 손 모양이라 할 수 있다. 선방에 있는 부처의 손 모양은 대부분 선정인이다.

사실 사찰에 가서 늘 부처를 친견하면서도 부처가 앉아 있는 모습이나 손 모양은 예사로 보는 경우가 많다. 하지만 이제부터는 손 모양 하나도 예사로 보아 넘겨서는 안 될 것이다. 손 모양 하나하나에 어리석은 중생을 올바른 길로 이끌고자 하는 부처의 자비가 담겨 있고, 행동과 생각이 둘이 아니라 하나임을 보여주는 가르침이 담겨 있으며, 소망하는 바를 꼭 이루어내겠다는 간절함이 담겨 있기 때문이다. 이렇듯 다양한 손 모양은 그 자체로 부처의 귀중한 가르침이기도 하다.

부처의 손 모양은 몇 가지로 나눌 수 있는데 대표적인 것이 선정인, 항마촉지인, 전법륜인, 시무외인, 여원인이다. 선정인은 앞에서 간단히 이야기했고, 항마촉지인降魔觸地印은 부처가 깨달음에 이르는 순간을 상징하는 손 모양이다.

부처는 부드가야의 보리수 밑에서 다리는 결가부좌를 하고, 손은 선정인의 모양을 취한 채 깊은 선정에 들어갔다. 깨달음을 얻지 못하면 결코 자리에서 일어나지 않겠다는 굳은 결심을 한 상태였다. 그러자 마왕 파순이 딸들과 군사들을 데리고 와서는 갖가지 방법으로 수행을 방해했다. 먼저 염욕染欲과 능열인能悅人, 가애락可愛樂이라는 아리따운 딸 셋을 보내 유혹하게 했다.

하지만 부처가 유혹에 넘어가지 않자 이번에는 힘으로 쫓아내려고 했다. 그러자 땅의 신이 나타나 부처를 도와주려 했다. 하지만 부처는 그 도움을 거절하고 스스로 마왕을 항복시킬 것이라고 말했다. 그 말을 들은 마왕은 부처의 목에 칼을 들이대면서 "너는 신성한 금강보좌에 앉을 가치가 없으니 얼른 물러가라"고 고함을 쳤다. 이에 부처는 "하늘 위와 하늘 아래에서 이 보좌에 앉을 수 있는 사람은 오직 나 하나뿐이다"라고 말한 뒤 선정인의 손 모양을 풀어 오른손 검지로 땅을 가리켰다. 그러자 땅의 신이 홀연히 나타나 마왕을 물리치며 부처의 말을 증명하였다.

이때 부처가 보여준 손 모양이 바로 항마촉지인이다. 선정인 상태에서 왼손은 그대로 두고 위에 얹은 오른손을 풀어 손바닥을 무릎에 대고 손가락으로 땅을 가리키는 모습으로, 깨달음의 순간을 보여주는 손 모양이라 할 수 있다.

전법륜인轉法輪印은 부처가 깨달음을 얻은 뒤 바라나시의 녹야원에서 최초로 설법할 때의 손 모양이고, 시무외인施無畏印은 중생의 두려움을 없애주어 우환과 고난을 해소시키는 덕을 보여주는 손 모양으로, 다섯 손가락을 가지런히 위로 뻗치고 손바닥을 밖으로 하여 어깨 높이까지 올린 모양이다.

　여원인與願印은 부처가 중생에게 자비를 베풀고 중생이 원하는 바를 이루게 하는 덕을 나타나는 손 모양으로, 손바닥을 밖으로 하고 손가락은 펴서 밑으로 향하며 손 자체를 아래로 늘어뜨린 모양이다.

　참선을 할 때 취하는 손 모양은 단순히 모양을 좋게 하기 위한 것이 아니다. 손 모양은 단순하지만 그 안에 담긴 뜻은 실로 깊고 무한하다. 이러한 뜻을 잘 안다면 참선 수행을 하는 데 큰 도움이 될 것이다.

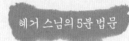

: 참선이란, 몸은 잠을 자는 것처럼 편안하고
마음은 명료하게 깨어 있는 상태 :

잠을 자면서 화내는 사람은 없다. 잠을 자면서 고통스러워하는 사람도 없다. 아무리 고약한 사람이라도 잠을 자면서 화를 내지는 않는다. 아무리 괴로운 사람도 잠을 자면서 고통스러워하지는 않는다. 잠이 들면 화나는 마음도 괴로움도 사라지기 때문이다.

괴로운 사람들은 그 괴로움에서 벗어나기 위해 잠을 자고 싶어 한다. 하지만 괴로움이 가득한 사람에게 잠이 올 리 없다. 그러다보니 술을 마시거나 약을 먹는다. 그렇게 해서라도 잠에 들고 싶어 한다. 잠이 들면 모든 괴로움이 사라지기 때문이다.

술이나 약을 먹지 않고도 마치 잠을 자는 것처럼 모든 근심과 걱정과 괴로움에서 벗어날 수 있는 방법이 있다. 그것이 바로 참선이다. 참선을 하게 되면, 깊은 잠에 빠져 모든 분노와 근심과 걱정에서 해방되는 것처럼 평화로움을 경험하게 된다. 다만 눈을 뜬 채, 의식을 명료하게 유지한 채 머무는 것이 눈을 감고 이부자리 안에 들어가 잠자는 것과 다르다.

참선이 잠자는 것과 비슷하다 해서 멍한 상태로 앉아 있는 것을 뜻하는 것은 아니다. 참선에서 가장 경계해야 할 부분은 멍함(혼침)과 게으름(해태)이다. 이러한 혼침 상태가 지속되면 무기無記가 된다. 무기 상태는 천불이 와도 해결할 수 없다고 할 정도로 참선하는 사람이 특히 조심해야 할 부분이다.

不得左傾右側前躬後仰하야 令腰脊頭項骨節相拄하야 狀如
浮屠요.

왼쪽, 오른쪽 어느 한쪽으로 기울거나 치우쳐서는 안 되며, 앞으로
구부리거나 뒤로 젖혀서도 안 된다. 허리와 척추, 머리와 목이 서로
일직선이 되도록 하되 그 모습이 마치 부도처럼 경직되지 않도록
하고 힘을 빼 자연스러운 자세를 취해야 한다.

得 얻을득	傾 기울경	側 곁측	前 앞전	躬 몸궁
後 뒤후	仰 우러를앙	令 하여금영	腰 허리요	脊 등골뼈척
頭 머리두	項 목항	骨 뼈골	節 마디절	相 서로상
拄 버틸주	狀 형상상	如 같을여	浮 뜰부	屠 잡을도

참선을 하다 보면 처음에는 반듯하게 앉아서 시작하지만 시간이 지날수록 자세가 흐트러진다. 몸이 앞으로 조금씩 기울면서 반듯하던 몸은 구부정하게 된다. 그리고 몸쪽으로 끌어당겼던 턱이 앞으로 나가 있기도 한다.

또 잡념에 빠져 있거나 졸음에 빠지게 되면 몸은 옆으로 기울기도 한다. 이 모든 것이 집중을 방해하는 것들이므로 참선을 할 때는 늘 자신의 자세를 살펴야 한다. 그리하여 자세가 흐트러지면 아주 천천히 몸을 움직여 바로잡아 주어야 한다.

참선을 이야기할 때 자세를 많이 강조하는 이유는 몸이 반듯해야 마음이 반듯해지기 때문이다. 몸을 곧게 해서 앉으면 마음에 게으름이 없고 강한 집중 상태에서 생각을 묶어둘 수 있다. 그런데 몸이 반듯하지 않으면 생각은 곧바로 흩어지고 만다. 참선은 생각을 한 가지로 모으고 또 모으는 것인데, 생각이 흩어져서는 참선을 잘할 수가 없다.

자세는 사람의 생각을 담아내는 그릇이나 마찬가지다. 어떤 자세를 취하느냐에 따라 사람의 생각은 달라진다. 긴장을 하게 되면 몸에 힘이 들어가 전체적으로 경직되는 것이 사람의 몸이다. 참선을 할 때는 이러한 경직을 조심해야 한다. 참선을 한다고 앉았는데 힘이 많이 들어가 몸이 경직되면 허리와 척추, 목과 머리가 서로 떠받치듯 하여 마치 탑처럼 쌓여서는 석상처럼 되는 경우가 있다. 얼핏 보면 반듯한 것이 참선을 위한 좋은 자세로 보이기도 한다. 실제로 초보자들 가운데는 석상처럼 반듯하게 앉아야 한다고 생각하는 사람이 있다.

하지만 이러한 경직된 자세는 피해야 한다. 바른 자세로 앉는 것과 경직된 석상처럼 앉아 있는 것은 다르다. 참선은 움직이지 않고 오래 앉아 있는 것을 훈련하는 것이 아니다. 만약 그렇지 않다면 석상처럼 앉아 있는 것이 잘하는 것이 될 것이다. 하지만 참선은 흩어진 생각을 한곳에 모아 깊게 몰입한 상태에서 편안함을 경험하는 것이다. 그런데 경직된 몸 안에 어찌 편안함이 깃들 수 있겠는가?

참선하는 모습을 보면 몸뿐만 아니라 얼굴도 경직된 사람들이 많이 있다. 이 역시 자기도 모르게 몸에 힘이 많이 들어가 있음을 말해주는 것으로 긴장하고 있다는 뜻이다.

몸에 힘이 들어가게 되면 얼굴에도 힘이 들어가게 되고 자연히 인상을 쓰게 된다. 인상을 쓴 얼굴이 편안하고 예쁘게 보일 리 없다. 만약 어떤 사람이 참선을 한다고 앉아 있는데 인상을 쓰고 있다면 사람들은 그 사람이 고통 속에 있다고 생각할 것이다. 이것은 결코 바람직한 모습이라 할 수 없다.

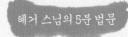

: 60%만 좋다면 좋은 사람이다 :

인간의 판단은 어디에 근거하는 것일까? 1차적으로 눈으로 보는 것에 근거할 것이다. 그리고 듣고, 만지고, 냄새 맡는 것으로 확대될 것이다. 그런데 중요한 것은 이때 자신의 감정이 개입된다는 것이다. 똑같은 것을 보았는데 기분이 좋은 상태에서 보았을 때는 너그럽게 되고, 기분이 나쁜 상태에서 보았을 때는 옹졸하게 된다. 따라서 이 세상에는 그 어떤 것도 완전한 판단이란 있을 수 없다.

어느 동네에 늘 이웃과 잘 지내는 아주머니가 한 사람 있었다. 그리고 툭하면 이웃과 다툼을 벌이는 아저씨가 한 사람 있었다. 아저씨는 늘 이웃과 잘 지내는 그 아주머니가 잘 이해가 되지 않았다. 어느 날 길에서 아주머니를 만난 아저씨는 이렇게 물었다.

"제가 알기로 아주머니 옆집에 사는 할머니는 아주머니에게 이렇게 저렇게 고약하게 하는 경우가 많다고 들었는데, 그런데도 왜 그 할머니에게 잘해주는 것입니까?"

그러자 아주머니는 이렇게 말했다.

"그 할머니가 저에게 이렇게 저렇게 고약하게 하는 경우가 있다는 것은 맞습니다. 하지만 또 이렇게 저렇게 잘해준 것도 있습니다. 사람이 어찌 완벽하게 잘해주기만 하겠습니까? 저는 그 할머니가 제게 60% 정도만 잘해주면 아주 훌륭하다고 생각합니다. 저 역시 다른 사람에게 그 정도밖에 좋은 사람이 되지 못하기 때문입니다."

사람들 가운데는 아홉 번 잘해주다가 한 번 잘못하면 그 한 번을 가지고 그 사람 전체를 판단해버리는 경우가 있다. 이것은 그 한 번의 판단을 완전한 것으로 생각해버리는 것에서 비롯되는 잘못이다.

늘 판단을 하면서 사는 것이 인간의 삶이지만 자신의 판단이 완전하지 않다는 것을 받아들여야 한다. 그렇게 되면 주위의 누군가가 잘못한 것에 대해 너그러울 수 있게 된다.

조식
調息

又不得聳身太過하야 令人氣急不安이니라.

몸이 지나치게 긴장되어 호흡이 부자연스러워도 안 된다.

又 또우   得 얻을득   聳 솟을용   身 몸신   太 클태
過 지날과   令 하여금영   氣 기운기   急 급할급   安 편안할안

부득不得은 불가不可의 뜻으로 '해서는 안 된다'는 뜻이다. 따라서 우부득又不得은 '또 안 된다'는 뜻으로 안 되는 것이 크게 두 가지가 있다는 말이다.

앞에서 몸이 왼쪽으로 기울거나 오른쪽으로 치우쳐도 안 되고, 앞으로 구부리거나 뒤로 젖혀서도 안 되고, 허리와 척추, 머리와 목이 일직선이 되도록 하되 석상처럼 되어서도 안 된다고 했다. 그런데 또 안 되는 것이 있으니 몸을 지나치게 곧게 세워서도 안 된다는 것이다.

가부좌를 하고 몸이 경직되지 않는 선에서 반듯하게 앉아 편안한 상태가 되면 바른 자세가 되었다고 할 수 있다. 이 자세는 참선하는 사람이 아니라도 반드시 몸에 익혀야 할 자세이기도 하다. 굳은 의지와 지구력, 집중력이 바른 자세에서 나오기 때문이다. 예로부터 성공한 사람은 몸이 굽지 않고, 도를 이룬 사람은 마음이 비뚤지 않다고 했다. 그러므로 참선의 바른 자세는 최상의 인격체의 상징이기도 하므로 참선을 하고 안 하고를 떠나 바른 자세를 갖는 것은 아주 중요하다.

한편, 바르게 앉되 너무 똑바르게 앉으려고 하는 것을 경계하라고 한 까닭은 그렇게 하다 보면 몸에 너무 힘이 들어가 불편해지고 부자연스러워지기 때문이다. 이런 상태에서 좌선을 하면 몸이 가볍고 경쾌해지는 것이 아니라 여기저기 불편한 곳이 생기거나 통증이 일어나기 마련이다. 그러므로 참선을 하는 중간에도 몸에 너무 힘이 들어가 있지는 않은지 늘 살피는 것이 중요하다.

참선 자세는 처음 배울 때 올바로 잡아놓아야 한다. 그렇지 않고 나쁜 자세가 굳어져버리면 여간해서 고치기가 쉽지 않다. 마음을 다스리는 것이 참선이지만 몸도 살필 수 있어야 한다. 그렇게 마음과 몸에 모두 힘이 빠질 때 비로소 '앉을 줄 안다'고 할 수 있다.

소리도 없고, 막히지도 않고, 거칠지도 않으며,
끊임없이 이어지다

그 다음으로 또 안 되는 것이 호흡이 가빠 불안하게 되는 것이다. 호흡은 마음 상태를 조절할 수 있는 유일한 방법이기 때문에 마음가짐과 호흡은 직접적인 관계가 있다. 마음이 동요되면 호흡이 흩어지고, 호흡이 흩어지면 마음도 흔들린다. 그러므로 참선을 하는 사람은 마음이 안정되면 자연히 호흡도 안정되고, 마음이 불안정하면 호흡도 불안정할 수밖에 없다.

호흡은 산소를 흡수하여 피를 깨끗하게 하고, 이산화탄소를 밖으로 내보내 생명력을 촉진시킨다. 뿐만 아니라 배 안의 압력을 증가시켜 내장의 운동을 돕기도 한다. 따라서 건강의 가장 기본적인 바탕을 마련해주는 것이 호흡이다.

수나라 지의智顗가 지은 책으로, 참선을 처음 하는 사람들을 위한 일종의 입문서라 할 수 있는 『소지관小止觀』에서는 호흡을 풍風, 천喘, 기氣, 식息의 네 가지로 나누고 있다. 풍風은 씩씩 소리 나는 호흡이고, 천喘은 숨이 차서 내는 호흡, 기氣는 소리도 없고 끊어짐도 없는 호흡을 말하는데, 이 세 가지를 호흡이 조절되지 못한 모습이라 했다. 그리고 맨 뒤의 식息을 조절된 호흡이라 했다.

호흡이 조절된 상태인 식息에 대해서는 '소리도 없으며, 막히지도 않고, 거칠지도 않으므로, 끊임없이 이어지면서 호흡이 있는지 없는지도 모를 뿐 아니라, 정신이 안정되어 기쁘고 즐거운 느낌을 가지게 되는 것이다'라고 했다.

호흡과 수행

호흡은 수식관數息觀을 수행하느냐, 간화선看話禪을 수행하느냐에 따라 근본적으로 다르다. 간화선을 수행하는 사람은 오로지 화두 참구에 몰입하는 것을 위주로 하기 때문에 호흡을 따로 의식할 필요가 없다. 화두가 깊어지면 호흡도 경미해져 자연히 참구하는 마음과 호흡이 일치하기 때문이다. 그러나 수식관을 하는 경우에는 호흡 자체가 참선하는 방법이 되기 때문에 이럴 때에는 호흡에 대한 바른 인식이 필요하다.

수식관이란, 부처가 산란심이 많아 집중이 되지 않거나 아무 생각이 없는 상태인 무기無記에 잘 빠지는 제자에게 숫자를 세어 산란심을 없애고, 아무 생각 없이 멍한 상태에서 벗어나 일념으로 집중해 마음자리가 정밀할 때까지 이르게 하도록 한 수행 방법이다.

수식관에는 몇 가지 방법이 있는데 한 가지 예를 들면, 들이마시고 내쉬는 것을 하나로 계산해서 100부터 1까지 거꾸로 헤아려 내려가는 것이 있다. 정신을 바짝 차리지 않으면 숫자를 놓치거나 위로 올라가는 경우가 많다. 이럴 때는 다시 100부터 시작해야 한다. 집중이 잘되지 않을 때 아주 효과적인 방법이라 할 수 있다.

: 얼마나 시간을 들였는가 :

탐내는 것과 원하는 것은 다르다. 탐내는 것은 노력을 하지 않고 얻으려고 할 때 생기는 마음이다. 원한다는 것은 노력해서 얻고자 할 때 생기는 마음이다. 그러므로 우리는 탐내서는 안 되고 원해야 한다. 원한 뒤에는 반드시 노력해야 한다.

기계를 만지는 데 젬병인 어떤 사람이 있었다. 그 사람은 아주 간단한 것도 고치지 못했다. 그러다보니 뭔가 고장이 나면 늘 이웃집 청년에게 부탁을 해야 했다. 이웃집 청년은 뭐든지 잘 고쳤기 때문이다. 그 사람은 기계를 잘 고치지 못하는 자신이 천성적으로 기계를 다룰 줄 모르는 사람이라고 생각했다. 그리고 기계를 잘 다루는 이웃집 청년은 기계 다루는 능력을 타고난 것이라 생각했다. 그래도 하도 이웃집 청년이 이런저런 기계를 잘 고치자 어느 날 그 청년에게 어떻게 해서 그렇게 기계를 잘 고치는지 정말 부럽다고 했다. 그러면서 자신은 기계를 잘 다루지 못해 많이 아쉽다고 했다. 그러자 청년은 이렇게 말했다.

"아저씨가 기계를 잘 다루지 못하는 것은 기계에 시간을 들이지 않았기 때문이에요."

그 말을 듣고 아저씨는 깜짝 놀라고 말았다. 지금까지 자신은 기계를 만지는 것에 대해 타고난 재주가 없다고만 생각했는데, 청년은 시간을 들이지 않았기 때문이라고 했던 것이다. 그 말을 듣고 곰곰이 생각해보니 사실이었다. 그는 기계에 시간을 들인 적이 많이 없었다. 조금 하다가 안 되면 늘 이웃집 청년에게 달려갔기 때문이다. 그때부터 아저씨는 기계가 고장 나면 시간을 들여 기계를 들여다보고 이리저리 고쳐 보기를 되풀이했다. 그러자 얼마 지나지 않아 웬만한 기계는 모두 고칠 수 있을 정도로 기계와 친숙한 사람이 되었다.

참선이 잘 안 된다고 하소연하는 사람들이 가끔 있다. 참선을 하는데도 삶에 아무런 변화가 없다고 하는 사람들이 있다. 그런 사람은 아직 시간을 많이 들이지 않았다고 생각해야 한다. 시간을 들이는 만큼 참선이 잘될 것이고 삶의 변화가 일어날 것이다. 시간을 들여 노력하지 않고 참선으로 얻게 되는 고요하고 평온하고 행복한 마음을 얻고자 하는 것이 바로 탐욕이다.

要令耳與肩對하고 鼻與臍對하여 舌拄上腭하고 脣齒相著하며
目須微開하야 免致昏睡니라. 若得禪定이면 其力最勝이니라.

중요한 것은 귀와 어깨가 나란히 되도록 하고, 코와 배꼽이 일직선
이 되도록 하며, 혀는 윗잇몸에 대고, 입술과 이는 맞붙이며, 눈은
가늘게 떠야 멍함과 졸음에서 벗어날 수 있다. 만약 선정을 얻는다
면 그 힘은 최고에 이를 것이다.

要 구할 요	슈 하여금 영	耳 귀 이	與 줄 여	肩 어깨 견
對 대답할 대	鼻 코 비	臍 배꼽 제	舌 혀 설	拄 버틸 주
腭 잇몸 악	脣 입술 순	齒 이 치	相 서로 상	著 붙일 착
目 눈 목	須 모름지기 수	微 작을 미	開 열 개	免 벗어날 면
致 이룰 치	昏 어두울 혼	睡 졸 수	若 같을 약	得 얻을 득
禪 고요할 선	定 정할 정	其 그 기	力 힘 력	最 가장 최
勝 이길 승				

참선을 할 때의 바른 자세는 귀와 어깨가 나란하도록 하고, 코와 배꼽은 일직선이며, 입은 가볍게 다문 뒤 혀를 윗잇몸에 대고, 눈은 가늘게 뜬 자세를 말한다. 여기서 눈여겨봐야 할 것은 '눈은 가늘게 떠야 혼침과 졸음에서 벗어날 수 있다'라고 한 말이다.

가끔 눈을 감고 참선을 하는 사람도 있지만 눈을 감으면 잠과 혼침에 빠져들기 쉬우니 반드시 참선을 할 때는 눈을 떠야 한다. 눈을 감으면 집중이 더 잘되고 눈을 뜨면 산만하고 집중이 안 되는 듯한 느낌을 받는 것은 사실이다. 하지만 그것은 아주 일시적인 것이다. 그러므로 참선을 바르게 하고 싶다면 눈을 뜨고 집중하는 법을 배워야 한다.

그리고 눈을 가늘게 뜨라는 것은 눈에 힘을 빼라는 뜻이지 일부러 눈을 가늘게 뜨라는 뜻은 아니다. 눈을 너무 크게 뜨면 눈에 힘이 들어가 쉽게 피로해지고, 눈을 너무 작게 뜨면 쉽게 졸음에 빠지게 되니 힘을 빼고 편안하게 눈을 떠야 한다.

좌선을 할 때 아랫배를 약간 내밀면 자연히 배꼽 아래 단전丹田에 기력氣力이 충만해지고, 내민 복부의 배꼽과 위쪽의 코가 연결되는 선이 수직이 되면서 자세가 바르게 된다. 그리고 머리는 누군가 위에서 당긴다고 생각하고 곧게 세우면 자연히 턱이 들어가면서 두 귀와 어깨를 연결하는 선 역시 수직이 된다.

바른 자세는 무척 중요하다. 무릇 사람이란 그 자세로 자신을 말해준다. 길거리를 지나는 사람들을 자세히 관찰해보자. 걷는 자세를 보면 그 사람의 인격을 알 수 있다. 거리에서 구걸하는 사람들 가운데 자세가 반듯한 사람을 본 적이 있는가? 반대로 사회적으로 성공한 사람들 가운데 자세가 바르지 못한 사람을 본 적이 있는가? 자세와 그 사람의 마음가짐은 아주 밀접하다.

학교에서 공부를 잘하는 학생들의 공통점은 수업 시간에 앉아 있는 자세가 바르다는 점이다. 반대로 늘 말썽을 일으키고 다른 친구들을 괴롭히고 걸핏하면 주먹질을 해서 교사의 지도를 받는 학생들은 대부분 건들건들하게 걷고 앉아 있을 때도 자세가 바르지 못하다. 『소지관』에 보면 다음과 같은 설명이 있다.

수행자가 참선을 해서 선정삼매에 들려면 조신調身의 적절함을 얻어야 한다. 좌선 수행을 하지 않을 때라도 움직임行과 머무름住, 나아감進과 멈춤止의 동작을 늘 자세히 살펴야 한다. 만일 동작이 거칠고 조잡하면 호흡이 거칠어지고, 호흡이 거칠어지면 마음이 어지러워 좌선을 할 때 번뇌가 가득 차 마음이 편안하지 못하다. 그러므로 몸이 비록 좌선 수행 중에 있지 않다 하더라도 늘 수행하는 마음으로 미리 방편을 지어야 나중에 좌선을 할 때 몸이 편안하고 제자리를 얻게 된다.

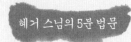

: 잘 달리는 것보다 더 중요한 것은 잘 멈추는 것 :

한때 텔레비전에 나오는 자동차 광고들은 하나같이 자신들이 만든 자동차가 얼마나 잘 달리는지 자랑하기 바빴다. 그런데 요즘 자동차 광고들을 보면 잘 달리는 것도 자랑하지만 얼마나 잘 멈추는지도 자랑한다.

달리게 하는 것과 멈추게 하는 것은 전혀 다른 힘의 원리가 작동하는 것이지만, 사실 원할 때 원하는 장소에 멈추게 하지 못한다면 잘 달리는 것은 아무런 의미가 없다. 의미를 넘어 무서운 흉기가 될 수 있다. 브레이크가 없는 자동차를 상상해보면 잘 알 수 있다. 실제로 수많은 자동차 사고들은 한결같이 제때 원하는 위치에서 멈추지 못해 벌어진 사고들이다.

이처럼 잘 달리는 것보다 더 중요한 것이 잘 멈추는 것인데, 무릇 세상의 많은 불행들은 잘 달리지 못해서 벌어지는 일보다는 잘 멈추지 못해서 벌어지는 일들이 더 많다. 그런데도 세상은 앞다투어 잘 달리는 것만 가르치고 있다. 그보다 더 중요한 잘 멈추는 것에 대해서는 가르치지 않는다. 그러다보니 여기저기서 충돌 사고가 벌어지고 있는 것이 지금 우리가 살고 있는 현대사회다.

참선은 잘 달리는 것을 익히게 해주는 수행이 아니라 잘 멈추는 것을 익히는 수행이다. 멈춰야 할 때를 알아 멈출 줄 아는 것, 이것을 우리는 절제라고 한다. 참선은 바로 이 절제의 미학을 몸에 익혀주는 수행이다.

심존목상 心存目想

古有習定高僧은 坐常開目하고 向法雲圓通禪師도 亦訶人閉目
坐禪하야 以謂黑山鬼窟이라 하니 蓋有深旨로 達者知焉이니라.

옛날 선정을 닦던 고승들은 언제나 눈을 뜨고 좌선을 하였고, 법운
원통 선사 또한 눈을 감고 좌선하는 자를 꾸짖어 "깜깜한 흑산의 귀
신굴이다!"라고 하였으니 여기에 깊은 의미가 있음을 통달한 자는
알 것이다.

古 옛고	有 있을유	習 익힐습	定 정할정	高 높을고
僧 중승	坐 앉을좌	常 항상상	開 열개	目 눈목
向 향할향	法 법법	雲 구름운	圓 둥글원	通 통할통
禪 고요할선	師 스승사	亦 또역	訶 꾸짖을가	閉 닫을폐
以 써이	謂 이를위	黑 검을흑	鬼 귀신귀	窟 굴굴
蓋 덮을개	深 깊을심	旨 뜻지	達 통달할달	者 놈자
知 알지	焉 어찌언			

참선과 명상의 차이는 눈을 뜨고 하느냐, 눈을 감고 하느냐에 있다. 당연히 참선은 눈을 뜨고 하고, 명상은 눈을 감고 한다. 그렇다면 명상과 공상의 차이는 무엇일까? 명상과 공상의 차이는 연결성에 있다. 공상은 오늘 떠오른 생각이 내일로 연결되지 않고 오늘로 끝난다. 반면에 명상을 하게 되면 오늘 생각했던 것을 내일 되풀이한다. 그리고 모레도 되풀이한다. 한마디로 명상은 수준 높은 공상이라 할 수 있다. 하지만 참선은 명상이나 공상과는 차원이 다르다.

참선은 눈을 뜨고 해야 한다. 눈을 뜬 상태에서 시점을 어느 한 곳에 고정시키는 것이 중요하다. 시점이 고정된 그곳에 마음도 고정되기 때문이다. 따라서 참선은 시점 고정 훈련이라 할 수 있다. 옛 선사들이 참선을 할 때 눈을 감는 것을 심하게 경계한 이유는 이 때문이다.

눈 가는 데 마음을 두다

중국 송나라 때의 법운원통法雲圓通 선사(1027~1090)는 눈을 감고 참선하는 사람을 두고 '흑산귀굴'이라며 경책했다. 이 말은 어둡고 컴컴하여 악귀들이 살고 있는 곳을 뜻하는데, 수행이 잘되지 않고 헤매거나 엉뚱한 방향으로 잘못 갔을 때를 비유해 쓰는 말이기도 하다.

눈을 뜨고 참선한다는 것은 눈을 뜨고 한곳을 뚫어지게 쳐다보는 것을 말하는데, 이때 바르게 앉은 다음 허리를 굽혀 팔을 앞으로 쭉 뻗은 뒤 손끝이 닿는 곳을 응시점으로 삼는 것이 가장 좋다. 만약 벽을 향해 앉을 경우에는 두 팔을 앞으로 뻗어 벽이 닿을 수 있는 거리에 바르게 앉아 허리와 머리가 똑바로 일직선이 되게 한 다음, 시선을 자연스럽게 떨어뜨려 한곳을 응시하면 된다.

그런데 초보자들은 말처럼 한곳을 응시하기가 쉽지 않다. 이때 도움이되는 것이 응시표다. 바둑알을 놓아도 좋고, 하얀 종이에 까맣게 점을 찍어 놓아도 좋다. 시선을 잡아둘 수 있는 것이라면 무엇이든 괜찮다.

법운원통 선사의 말이 아니더라도 참선은 관념적으로 떠올려 생각하는 것이 아니라 한곳을 구체적으로 응시하여 사물의 실체를 투과透過하는 것이기 때문에 참선하는 사람은 반드시 이 방법으로 시점을 고정시켜 응시해야 한다. 눈앞이 밝으면 사물을 잘 응시하게 되고, 눈앞이 어두우면(곧 눈을 감으면) 공상 속에서 온갖 망상이 일어나기 때문이다.

『원각경』에서도 심존목상心存目想이라 하여 수행 방법을 제시해주고 있는데, 이 말은 수행하는 사람은 마음을 목상目想에 두라는 뜻이다. 목상이란 '눈으로 생각한다'는 말로, 마음을 눈 가는데 둔다는 말이다.

마음이 불안할 때 가장 먼저 일어나는 현상이 눈동자가 불안해지는 것이다. 실제로 거짓말을 할 때 사람의 눈동자는 심하게 움직인다. 이것은 의학적인 이유 때문이다. 거짓말을 하게 되면 사실과 거짓을 섞어 이야기하게 되는데, 사람의 뇌는 사실을 담당하는 곳과 거짓(거짓은 일종의 공상이나 상상이다)을 담당하는 곳이 다르다. 따라서 거짓을 이야기할 때 뇌는 사실을 담당하는 곳과 상상을 담당하는 곳 사이를 바삐 오가게 되고, 그것이 눈동자의 흔들림으로 나타나는 것이다.

이처럼 시점의 흔들림은 사람의 심리와 관계가 깊다. 실제로 흥분한 사람은 눈동자가 심하게 흔들린다. 그러므로 마음을 안정시키기 위해서는 가장 먼저 시선을 안정시킬 수 있어야 한다. 아주 화가 나거나 흥분했을 때, 깊게 숨을 들이마시며 한곳을 응시하면 순간적으로 마음이 가라앉고 평정심을 찾게 된다.

더운 여름날 복잡한 지하철을 타고 가다 보면 짜증이 날 때가 있다. 이때 한곳에 시선을 고정시켜 보자. 짜증이 났던 마음이 순식간에 풀어지면서 마음이 편안해질 것이다.

: 나를 바라보는 훈련, 회광반조 :

우리는 하루에도 수많은 사람들을 쳐다보며 살아간다. 한 집에서 같이 살아가는 가족들을 비롯해 길에서 만나는 많은 사람들을 쳐다보고, 직장이나 학교에서도 동료나 친구들을 쳐다보며 살아간다. 그렇다면 그 사람들을 쳐다볼 때 어떤 눈으로, 어떤 마음으로 쳐다볼까?

자기 주위의 사람들을 눈에 보이는 그대로 편견 없이 바라보는 것은 사실 쉽지 않다. 만약 그렇게 바라볼 수 있다면 우리는 그 누구와도 큰 갈등 없이 살아갈 수 있을 것이다. 그런데 불행히도 현실에서는 그렇지가 못하다. 우리가 누군가를 쳐다볼 때는 끊임없이 어떤 선입견을 갖고 본다. 상대방을 현재의 모습 그대로 보는 것이 아니라, 내가 생각하는 그 사람의 모습, 내가 과거에 경험한 그 사람의 모습을 보는 것이다. 그래서 싫어하는 사람이 있고 좋아하는 사람이 생기는 것이다. 싫어하는 사람은 그 사람이 지금 당장 내게 피해를 주지 않는다고 해도 싫다. 왜냐하면 과거에 했던 행실과 언행을 바탕으로 그 사람을 판단하기 때문이다.

지금 내 눈앞에 있는 '그 사람'은 지난 시간의 감정, 생각, 행동의 덩어리라 할 수 있다. 만약 그 사람이 지난 시간 늘 부정적으로 남을 원망하는 마음과 감정으로 행동해왔다면 그만큼의 결과가 지금 그 사람의 얼굴 표정과 생각, 말과 행동에 그대로 묻어나올 것이다. 지금의 그 사람은 과거의 그의 연속이고 그의 미래로 연결되기 때문이다. 지금 당장 내게 피해를 주지 않는다고 해도 그 사람이 싫은 이유는 이 때문이다.

그렇다면 날마다 만나는 자기 자신에 대해 사람들은 어떻게 바라볼까? 객관적인 입장에서 자신의 내면을 들여다보는 경우가 있을까? 내가 다른 사람의 과거에 민감하게 반응해 좋아하고 싫어하는 감정을 만들어내는 것처럼 나 자신에 대해서도 그렇게 반응할까? 아쉽게도 그렇지 못한 것이 사람이다. 옛말에 남이 자기에게 잘못한 것은 바위에 새겨두고, 자신이 남에게 잘못한 것은 흐르는 물에 써 놓는다고 했다. 이것이 사람이다.

다른 사람의 눈에 나 자신은 많은 경우 과거의 잘못된 말과 행동, 생각으로 똘똘 뭉쳐져 있는 '과거 덩어리'일 수 있다. 사람들은 나 자신을 그러한 '과거 덩어리'로 바라보고 판단한다. 그 때문에 지금 당장 해로운 일을 하지 않아도 선입견으로 나를 바라볼 수 있다. 억울할 수도 있겠지만 할 수 없다. 이것이 인간이기 때문이다. 중요한 것은 여기서 우리가 소중한 가르침을 얻을 수 있다는 것이다. 상대방을 '과거 덩어리'로 바라보는 순간 우리가 그 사람의 장단점을 금방 알아차릴 수 있는 것처럼, 우리 역시 우리 자신을 그렇게 '과거 덩어리'로 바라볼 수 있어야 한다는 것이다. 그래야만 자신을 정확하게 바라볼 수 있게 된다.

눈을 돌려야 한다. 다른 사람에게 향해 있던 눈을 자신에게로 돌려 자기 자신을 '과거 덩어리'로 바라볼 수 있어야 한다. 그 덩어리 안에서 우리는 참된 자기 자신을 만날 수 있다.

시선을 돌려 나를 보면 무엇이 보일까? 나의 과거가 보이고, 나의 현재가 보이고, 그 속에 엉켜 있는 나의 온갖 잘못들이 보인다. 그리고 그에 대한 반성이 일어남과 동시에 그것을 고치겠다는 발심이 일어나게 된다. 이것이 바로 회광반조다. 글자 그대로 하면 '빛이 돌이켜 스스로를 비춘다'는 뜻으로 끊임없는 자기반성을 통해 자신 안에 들어 있는 영성을 깨닫는 것을 뜻한다.

참선은 한마디로 회광반조다. 참선에 있어 회광반조보다 더 좋은 공부는 없다.

판
단
멈
추
기

身相旣定하고 氣息旣調然後엔 寬放臍腹하고 一切善惡을 都
無思量하라.

몸의 모양이 안정되고 호흡이 조절되었으면 아랫배를 느슨하게 하
고 그 어떤 선한 곳에도, 악한 곳에도 마음을 두지 말라.

身 몸 신	相 서로 상	旣 이미 기	定 정할 정	氣 기운 기
息 숨쉴 식	調 고를 조	然 그럴 연	後 뒤 후	寬 너그러울 관
放 놓을 방	臍 배꼽 제	腹 배 복	切 모두 체	善 착할 선
惡 악할 악	都 도회지 도	莫 없을 막	思 생각 사	量 헤아릴 양

3
장
…
좌
선
의
강
의

신상기정身相既定이란, 몸의 모양이 이미 안정되었다는 것으로 참선을 위한 자세가 바르게 되었다는 뜻이다. 이때 바르게 된 몸가짐이란 태산이 무너져도 동요되지 않을 만큼 바른 자세를 말한다. 물론 중요한 것은 몸의 자세만이 아니라 마음 자세 역시 바르게 되어야 한다.

마음이 바르다고 한 것은 마음속에 나쁜 생각이 없는 것을 말한다. 몸은 마음의 반영이다. 어떤 사람이 그 모습에서 품위와 인격이 느껴지고, 그래서 모든 사람들이 가까이 하고 싶은 마음이 들게 되는 것은 그 사람의 자세가 바르고 마음의 깊이가 느껴질 때다. 참선은 바로 이런 상황에서 비로소 시작할 수 있다. 그리고 수행 끝에 참 깨달음을 얻게 되면 그 사람은 기품 있고 존경받을 만한 인격을 갖추게 된다.

보고 듣지만 보지도 듣지도 않는 것과 같고,
생각하지만 집착하지 않는다

기식기조氣息既調란, 호흡이 조절되어 헐떡임이 없고 숨을 쉬는데 급하거나 느슨하지 않아 집중할 수 있는 준비가 되었음을 말한다. 화가 나거나 흥분하게 되면 가장 먼저 나타나는 것이 거친 호흡이다. 호흡은 한 사람의 마음 상태를 가장 직접적으로 보여주는 모습이다. 그러므로 호흡이 안정되어 있다는 것은 참선을 할 준비가 되어 있음을 뜻한다.

참선을 할 때는 호흡에 집중해야 한다. 집중하고 집중해서 호흡을 관찰할 수 있을 정도가 되어야 한다. 죽지 않는 한 우리는 매순간 우리 몸에서 자연스럽게 일어나는 호흡을 통해 두 가지 방법으로 수행할 수 있다. 첫째는, 숨이 들어오고 나가면서 닿는 코끝이나 윗입술 한 점에 마음을 모아 숨이 들어오고 나갈 때마다 계속 그 점에 집중하는 방법이다. 둘째는, 들이마시는 숨을 통해 들어온 공기가 목구멍을 지나 아랫배 깊은 곳에 도달한 후 다시 목구멍과 콧구멍을 통해 밖으로 나가는 과정을 놓치지 않고 관찰하는 방법이다.

들어오고 나가는 숨이 닿을 때마다 그 수를 헤아리는 것을 수식관數息觀이라 한다. 그렇다면 어떻게 헤아리는 것이 좋을까? 여러 가지 방법이 있지만 천천히 숨을 들이마시면서 여섯을 세는 방법이 있다. '흡--- 하나 둘 셋 넷 다섯 여섯' 그리고 숨을 내쉬면서 다시 여섯을 세면 된다. '호--- 하나 둘 셋 넷 다섯 여섯'.

이때 여섯은 정해진 것이 아니다. 초보자의 경우 셋이나 넷부터 시작해도 된다. 그러다가 점점 호흡이 길어지면 숫자를 늘리면 된다. 다만 조심할 것은 숨을 내뱉고 나면 배 속에 남은 공기가 전혀 없어야 한다. 다시 말해 완전히 내뱉어야 한다.

관방제복寬防臍腹이란, 아랫배를 편안하게 한다는 말로서 허리띠를 너무 조이지 말라는 뜻이다. 허리띠를 너무 졸라맨다거나 꽉 끼는 옷을 입게 되면 자연히 혈액 순환이 안 된다. 참선을 할 때 집중이 잘되는 것은 그만큼 뇌로 신선한 혈액이 많이 공급되기 때문이다. 그러므로 참선을 할 때 꽉 끼지 않는 편안한 옷을 입는 것은 너무나 중요하다. 꼭 참선을 위해서만이 아니라도 평소에도 꽉 끼는 옷을 입는 것은 집중력에 방해가 된다.

일체선악 도막사량一切善惡都莫思量이란, 일체 선과 악을 생각으로 헤아리지 말라는 뜻이다. 편안하게 앉아 참선을 시작했다면 선과 악, 옳고 그름, 좋아하는 마음과 싫어하는 마음을 일체 생각하지 말아야 한다. 이러한 분별심이 마음에 상념을 일으켜 잡념과 망상을 불러일으키기 때문이다.

어떤 것에 대해 화가 나거나 분노하는 것은 선과 악, 옳고 그름, 좋아하는 것과 싫어하는 것을 따지기 때문이다. 마음에 평화가 깨지고 생각이 일어나는 것은 이처럼 뭔가를 판단하고, 그 판단에 따라 생각을 이어갈 때 일어나는 현상이다. 이때 곧바로 멈출 수 있어야 한다. 판단을 멈추게 되면 눈으로 보지만 보지 않는 것과 같고, 듣지만 듣지 않는 것과 같으며, 생각이 떠오르지만 그 생각에 집착하지 않게 된다.

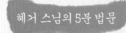

: 화는 내 몸에 대한 나의 공격 :

길 건너편에서 고함소리가 들린다. 쳐다보니 화가 나서 씩씩거리는 두 사람이 서로 고함을 치며 싸우고 있다. 그러다가 서로 삿대질이 오가고 마침내 욕을 하기 시작한다. 욕설이 오가자 두 사람의 얼굴은 붉게 달아오르면서 금방이라도 한 대 칠 기세다. 그렇게 한참동안 욕을 하며 삿대질을 하던 두 사람은 마침내 한 사람이 화를 참지 못하고 상대방을 주먹으로 때리기 시작하자, 맞은 사람도 똑같이 주먹으로 맞받아치면서 순식간에 큰 싸움이 되고 만다.

이 모습은 '분노란 무엇인가?'라는 질문에 답을 주는 것이라 할 수 있다. 처음에 두 사람은 '고함'을 치며 서로 싸웠다. 그러다가 '삿대질'을 하기 시작했고, 마침내 '욕설'이 오갔다. 그리고 잠시 뒤 서로 '주먹'을 날렸다. 이처럼 두 사람의 싸움은 '고함 - 삿대질 - 욕 - 주먹질'로 발전했다. 결과적으로 주먹다짐을 벌인 두 사람은 주먹다짐을 하기 전에 욕을 하고, 그 전에 삿대질을 하고, 그 전에 고함을 질렀다. 이런 일련의 과정에 숨어 있는 것이 바로 분노다. 이처럼 분노는 싸움의 장을 만들어주는 기본 재료이자 상대방을 공격하기 위한 준비 작업이기도 하다.

상대방을 공격하기 위해서는 몸에 힘이 많이 필요하다. 그래야 공격할 수 있기 때문이다. 이때 몸에 힘을 내는 것은 에너지고, 이 에너지를 운반하는 것은 혈액이다. 그리고 혈액을 공급하는 것은 심장이다.

그렇다면 상대방을 공격하기 위해서는 가장 먼저 심장이 일종의 비상 상태로 바뀌어야 한다. 그래야 엄청난 혈액을 공급할 수 있기 때문이다. 화가 나면 심장이 빨리 뛰는 것은 이 때문이다. 심장이 빨리 뛰어 상대방을 공격해야 하는 손과 발에 혈액을 최

대한 많이 보내주기 위해서다.

심장만 비상 상태가 되는 것은 아니다. 모든 장기들이 상대방을 공격하기 위해 일제히 비상 체제로 돌입한다. 목소리는 커지고, 눈도 부라리게 되고, 얼굴 근육도 일그러진다. 이것이 바로 화가 난 상태다. 그런데 화가 났다고 해서 모든 사람들이 고함을 지르고 욕을 하고 상대방을 때리지는 않는다. 대개는 고함을 치는 정도에서 끝나거나 그 단계까지 가지 않을 때도 많다. 문제는 고함치는 정도에서 끝난다고 해도 화를 낸 사람의 몸은 이미 상대방을 때리는 단계까지 비상 상태화되어 버린다는 사실이다.

비상 상태란 모름지기 엄청난 에너지를 필요로 하고 많은 후유증을 남긴다. 전쟁이 일어나 피난 보따리를 싸서 도망갔다가 되돌아간다고 가정해보자. 폭격을 당하지 않아 실제로 입은 피해가 하나도 없다고 해도 피난 그 자체가 엄청난 손실임은 틀림없다.

화를 내는 것도 이와 같다. 화를 내는 그 순간, 우리의 몸은 비상 상태가 되어 상대방을 때려눕힐 만큼의 에너지를 몸 안에 확보하게 된다.

문제는 상대방을 때리지 않았다고 해서 그 에너지가 다시 자신의 것이 되지는 않는다는 데 있다. 그 에너지는 우리 몸에 큰 후유증을 남기고 노폐물이 되어 빠져나가고 만다. 그 결과 몸은 그만큼 큰 손해를 보게 된다. 실제로 화를 자주 내는 사람들이 면역력이 약하다는 것은 여러 조사를 통해 의학적으로 밝혀진 것이기도 하다.

화는 몸과 아주 밀접한 관계가 있다. 그러므로 화를 잘 다스려야 한다. 그렇지 않으면 우리는 자신을 공격하는 무서운 흉기를 자기 안에 갖고 사는 것이 될 수 있다. 그래서 부처는 '화를 내는 것은 독이 든 잔을 내가 마시면서 남이 죽기를 바라는 것이다'라고 했던 것이다.

알
아
차
림

念起卽覺이요 覺之卽失이니라. 久久忘緣이면 自成一片하리니
此坐禪之要術也니라.

잡념이 일어나면 곧바로 알아차려야 하고, 알아차리면 곧 사라질
것이다. 오래도록 반연한 바를 잊으면 저절로 한가락을 이룰 수 있
을 것이니 이것이 좌선의 중요한 방법이다.

念 생각 념	起 일어날 기	卽 곧 즉	覺 깨달을 각	之 갈 지
失 잃을 실	久 오랠 구	忘 잊을 망	緣 연줄 연	自 스스로 자
成 이룰 성	片 조각 편	此 이 차	坐 앉을 좌	禪 고요할 선
要 구할 요	術 꾀 술	也 잇기 야		

3
장
…
좌
선
의
강
의

'생각이 일어난 것을 알아차리면 그 생각은 곧 사라진다'

이 말은 한 생각이 일어날 때 일어난 그 생각을 바로 알아차리면 그 생각은 곧바로 사라지고 만다는 뜻이다. 물론 뒤따라 또 다른 생각이 일어나는 것은 어쩔 수 없다. 하지만 문제 삼을 필요는 없다. 생각이 일어날 때마다 또 알아차리면 되기 때문이다.

화가 났을 때 화가 났다는 것을 깨닫는 순간, 일어난 그 화에서 멀어질 수 있다. 그런데 화를 내는 사람들은 그 순간 자신이 화가 났다는 것을 알아차리지 못한다. 그러다보니 화에 몰입되어 화가 나인지, 내가 화인지 모르는 상태가 되고 만다. 결국 화는 분노로 발전하고, 분노는 자신과 타인에게 상처를 주고 만다.

남을 미워하는 마음도 마찬가지다. 미워하는 마음이 일어나는 순간, 그 생각을 알아차려야 한다. 알아차리는 순간, 그 생각은 사라질 수 있다. 하지만 알아차리지 못한다면 미워하는 마음은 증오로 발전하고, 결국에는 분노가 되어 자기 자신을 해치게 된다.

그러므로 자기 마음 안에서 어떤 생각이 일어나는지 늘 살펴야 한다. 알아차리는 습관이 몸에 배게 되면 웬만해서는 자기 자신과 타인에게 상처 주는 일은 없다. 더구나 화에서 멀어지면서 화가 일어난 상황을 객관적으로 바라보는 지혜가 생기게 되니, 화를 알아차리는 훈련은 매우 중요하다.

마음에 생각이 일어나는 것은 물에 거품이 일어나는 것과 같다. 물에 거품이 일면 물이 그 맑음을 잃어버리듯, 마음에 생각이 일어나면 마음은 그 깨끗함을 잃어버리게 된다.

망념은 본 만큼 일어나고
들은 만큼 생긴다

참선을 할 때 가장 힘든 것 가운데 하나가 끊임없이 떠오르는 온갖 잡스러운 생각이다. 이를 망념이라 하는데, 이 망념을 다스릴 줄 알면 감히 '참선을 할 줄 안다'고 할 수 있을 정도로 망념을 다스리는 일은 중요하고도 쉽지 않은 일이다.

망념을 다스리는 것이 쉽지 않은 것은, 생각을 일으키지 않으려 해도 자신도 모르는 사이에 생각이 일어나고 그 생각 속을 헤매게 되는 경우가 많기 때문이다. 생각은 늘 일어나게 마련이다. 다만 일어난 생각을 즉시 알아차리느냐, 알아차리지 못하느냐가 중요하다.

너무 망념을 없애려고 집착하다 보면 그것이 또한 망념이 되는 수가 있다. 그러므로 없애려고 너무 애쓰는 것은 좋지 않다.

망념이란 본래 뿌리도, 실체도 없는 것이기 때문에 없앨 수 있는 것이 아니다. 분별심이 생기는 그 순간 망념은 언제나 일어나기 때문이다.

실체도 없는 뜬구름 같은 망념은 본 만큼 일어나고 들은 만큼 일어난다. 그러므로 수행하는 사람은 자신의 생활 반경을 좁혀야 한다. 좁히고 좁히다 보면 망념은 점점 줄어들어 마침내 사라지게 된다.

생활 반경을 좁히는 데는 두 가지 방법이 있다. 하나는, 세속의 많은 반연을 줄이는 것이다. 노는 것과 구경하는 것, 좋아하는 것과 먹고 마시고 입는 것에 집착하지 말고 삶의 방식을 단순하고 간소하게 하는 것이다. 그렇게 되면 자연히 망념은 줄어든다.

또 하나는 오관에 끌려가지 않고 하나에 집중하는 것이다. 눈으로 볼 때는 오직 눈에만 마음이 가게 하고, 귀나 코 등 다른 감각기관의 작용은 쉬게 해야 한다. 마찬가지로 귀로 들을 때는 오직 귀에만 집중하고, 냄새를 맡을 때는 집중해서 냄새 맡는 습관을 들여야 한다. 그렇게 되면 자연히 많은 반연에서 벗어날 수 있다.

그렇다면 이미 들어온 망념은 어떻게 다스려야 할까? 그것은 한 가지에 집중하고 집중하여 망념을 그 한 가지에 귀결시키면 된다. 그러면 모든 망념이 결국 한 가지에 귀결되고, 이 한 가지

가 나와 하나가 되면 일체 선악도, 옳고 그름도, 좋고 나쁨도 사
라져 망념도 일어나지 않게 되니 저절로 공부의 한 부분을 이루
게 된다. 그리하여 옛 선인들은 이것을 좌선의 요긴한 방법이라
했던 것이다.

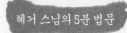

: 삶의 기술 :

갓 태어난 아기가 할 수 있는 것은 거의 없다. 그저 뭔가 필요
한 것이 있으면 우는 것이 유일하다. 그런 아이는 자라면서 조금
씩 배워나간다. 밥 먹는 법을 배우고, 옷 입는 법, 스스로 몸 씻는
법을 배운다.

조금 더 자라면 학교에 간다. 학교에서는 셈하는 법이며 글
읽는 법을 가르쳐준다. 좀 더 자라 상급 학교에 가면 역사도 가
르쳐주고, 외국어와 물리, 화학, 천문학, 생물학 같은 것도 가르
쳐준다. 이 모든 것들은 세상을 이해하는 데 도움을 주는 지식들
이다.

그런데 학교에서는 세상을 이해하는 데 도움이 되는 지식들은 많이 가르쳐주면서 정작 살아가는 데 가장 중요하다고 할 수 있는 자기 마음을 다스리는 법에 대해서는 가르쳐주지 않는다.

고등학교 졸업생 가운데 70% 이상이 대학에 진학하는 고학력 사회가 되었다. 인터넷에 들어가면 웬만한 것은 모두 알 수 있을 정도로 지식과 정보도 넘쳐나고 있다. 그런데 세상은 더욱 살기 어려워지고 강력 범죄들은 더 자주, 더 심하게 벌어지고 있다. 이러한 이유는 사람들이 많이 배우지 못했기 때문이 아니라, 많이 배우기는 했지만 정작 중요한 것을 배우지 않았기 때문이다. 바로 자기 마음을 다스리는 법을 배우지 않았기 때문이다.

세상에 자기와 똑같은 얼굴을 가진 사람은 아무도 없다. 그리고 이런 사실을 이상하게 생각하거나 이해할 수 없다고 생각하는 사람은 아무도 없다. 오히려 당연하다고 생각한다. 그래서 서로 얼굴이 다른 것을 가지고 다툼이 일어나는 경우는 없다.

마찬가지로 이 세상에는 자기와 똑같은 마음을 갖고 있는 사람은 아무도 없다. 그런데 사람들은 자기와 다른 마음을 가진 사람을 이해할 수 없다거나 이상하게 생각하는 경우가 너무나 많다. 그러다보니 서로 마음이 다른 것 때문에 다툼이 일어나기도 한다.

왜 이런 현상이 생기는 것일까? 얼굴은 눈에 보이고 마음은 눈에 보이지 않기 때문이다. 눈에 보이는 사람 얼굴이 모두 다르듯 마음도 모두 다른 것이 정상이다. 그런데 마음이 눈에 보이지 않다 보니 막연히 상대방의 마음도 자기와 같을 것이라고 생각하는 경우가 많다. 하지만 알고 보니 자기와 같지 않고, 그러다보니 실망하거나 화가 나면서 다툼이 일어나는 것이다. 우리가 자신의 마음을 다스리는 법을 배우고 훈련해야 하는 까닭이 여기에 있다.

세상 모든 사람들의 마음이 눈에 보인다면, 그래서 자기와 다르다는 것을 잘 알 수 있다면, 따로 마음을 다스리는 법을 배울 필요가 없다. 배우지 않아도 비교적 잘 다스릴 수 있고(마치 얼굴을 가꾸듯이), 다른 사람들과도 손쉽게 마음을 맞춰 갈 수 있다. 하지만 안타깝게도 마음은 눈에 보이지 않고, 그러다보니 자신의 마음 상태를 잘 알 수가 없다. 더구나 자신의 마음을 다른 사람과 조화롭게 맞추는 것은 더욱 어렵다.

한 인간이 성숙해진다는 것은 자신과 전혀 다른 마음을 가진 무수한 사람들과 잘 어울려 살아가는 것을 뜻하고, 이것은 자신의 마음을 잘 다스릴 수 있을 때 가능하다. 자신의 마음을 잘 다스리지 못하면 자신과 다른 마음을 가진 무수한 사람들과의 사이에서 벌어지는 끊임없는 갈등을 잘 조절하지 못하게 되고, 결국 스스로 고통 속에 살거나 반사회적인 행위를 하게 되고 만다.

竊謂坐禪은 乃安樂法門이로되 而人多致疾者는 蓋不善用心
故也일세니라. 若善得此意면 則自然四大輕安하고 精神爽利
하며 正念分明하고 法味資神하야 寂然淸樂이니라.

간절히 말하자면, 좌선은 몸과 마음을 편안하게 하는 가르침이지만
사람들이 흔히 병을 얻는 것은 대체로 마음을 잘못 쓰기 때문이다.
만약 이러한 뜻을 잘 이해한다면 자연히 온몸이 가벼워 편안해지며,
정신이 상쾌하고 예리해지며, 생각이 분명해지고, 법의 진정한 의미
가 정신을 북돋우어 고요하고 맑은 법의 즐거움을 누릴 것이다.

竊 간절할 절	謂 이를 위	坐 앉을 좌	禪 고요할 선	乃 이에 내
安 편안할 안	樂 즐거울 락	法 법 법	門 문 문	而 말이을 이
多 많을 다	致 이룰 치	疾 병 질	者 놈 자	蓋 덮을 개
不 아닐 불	善 착할 선	用 쓸 용	心 마음 심	故 옛 고
也 잇기 야	若 같을 약	得 얻을 득	此 이 차	意 뜻 의
則 곧 즉	自 스스로 자	然 그럴 연	四 넉 사	大 큰 대
輕 가벼울 경	精 정미할 정	神 귀신 신	爽 시원할 상	利 날카로울 리
正 바를 정	念 생각 념	分 나눌 분	明 밝을 명	味 맛 미
資 재물 자	寂 고요할 적	然 그럴 연	淸 푸를 청	

참선은 나와 더불어 세상을 안락하게 하는 공부다. 여기서 안락安樂이란, 고통에서 벗어나는 것을 말하는데 고통에서 벗어나려면 지혜의 문이 열려야 한다. 따라서 좌선은 자기 자신을 버리고 지혜의 문으로 들어서는 공부이기도 하다. 이 문에 들어서서 공부가 성취되어야 몸과 마음에 안락을 이루게 된다.

그런데 이 문으로 들어가는 방법을 아는 것이 결코 쉽지 않다. 그리하여 많은 사람들이 허덕이다가 다른 길로 잘못 들어 오히려 병을 얻게 되는 경우가 있으니 옛 선사들은 이를 경계해야 한다고 말했다.

참선을 하게 되면 사람은 생각이 바뀌고, 다른 사람과 사건, 사물을 바라보는 시선이 바뀌게 된다. 그렇게 되면 가장 먼저 일어나는 변화가 고통이 사라지는 것이다. 남을 미워하는 마음이 가득한 사람은 가슴 안에 스스로 고통을 짊어지고 사는 것과 같다. 그런데 참선을 통해 그러한 마음을 내려놓게 되면 고통이 사라지게 되는 것이다. 고통이 사라진다는 것은 바로 편안함을 말한다. 그래서 참선을 두고 '안락의 법문'이라 하는 것이다.

그런데 참선을 하고도 고통에서 벗어나지 못한다면 어찌 된 일일까? 고통에서 벗어나기는커녕 오히려 병을 얻게 된다면 왜 그런 것일까? 그 이유는 마음을 잘못 썼기 때문이다. 참선은 궁극적으로 지금까지 살아왔던 탐진치 관점에서 벗어나 청정한 마음으로 돌아가려고 끊임없이 반복해서 훈련하는 과정이다. 그리하여 고통에서 벗어나 참된 편안함을 누릴 수 있게 되는 것이다. 이것은 자기 자신을 버리고, 지혜의 문으로 들어설 때 가능해진다. 지혜의 문에 들어서게 되면 시기와 질투, 미움과 분노, 온갖 분별심으로 자신을 괴롭히는 것들로부터 해방될 수 있다. 그리하여 참된 편안함과 기쁨을 맛볼 수 있게 되는 것이다.

하지만 이 문에 들어서는 방법을 알지 못하면 자신을 버리는 것이 아니라, 자신에 더욱 집착하게 된다. 이는 참선을 통해 끊임없이 무엇인가를 구하려고 하기 때문이다. 무엇인가 이루려고 하기 때문이다. 그것도 빨리 구하고, 빨리 이루려고 하기 때문이다.

구하고 이루려고 하는 것은 마음을 깨끗하게 하는 것과 정반대되는 것이다. 자기를 버리는 것과 정반대되는 것이다. 자신을 버리고, 마음을 깨끗하게 한다는 것은 마음을 비우고 비워 더 비울 수 없을 때까지 비우는 것을 말한다. 오욕을 버리고, 탐진치를 버린다는 뜻이다. 그런 과정을 통해 고통에서 해방되고 참된 자기 자신을 만날 수 있게 되는 것이 바로 참선이다.

요즘 놀라울 정도로 참선 수행을 하는 사람들이 많아지고 있다. 하지만 반드시 점검해야 할 것들이 있다. 첫째는 세상을 위한 원력이요, 둘째는 지구력이요, 셋째는 방편이다. 원력이란, 지금까지 살아온 삶의 방식을 완전히 버리고 세상을 위해 자신의 모든 것을 내어줄 준비가 되어 있는 보살의 도를 행하고자 하는 마음이 얼마나 절실한가를 살펴 온 마음에 가득하게 하는 것을 말한다. 지구력이란, 한 번 세운 서원은 반드시 이루어질 때까지 잠시도 방심하지 말고 열심히 정진하는 것을 말한다. 방편이란, 이루어진 공부를 고통 속에서 살아가고 있는 사람들에게 회향하는, 곧 되돌리는 것을 말한다. 이처럼 참선에는 그 어디에도 자기 자신을 위해 이루고 구하려는 것이 없다.

이런 마음가짐으로 참선에 임하는 것을 두고 '마음을 잘 쓴다'고 한 다. 그리고 이를 잘 알아들으면 사대四大(지수화풍으로 이루어진 몸)가 가볍고 편안해지며, 정신이 상쾌하고 예리해지며, 정념正念(잡념이 없고 편안한 마음)이 분명해지고, 법미法味(법에 도달하여 기쁘고 행복한 상태)가 정신을 도와 적연하고 청정하여 즐겁게 된다고 했다.

⌣

버린다는 생각까지도 버리다

법화경의 『안락행품安樂行品』에 보면, 바른 몸正身과 바른 말正

語, 바른 마음正意, 큰 자비심大悲을 안락행품이라 했다. 이 네 가지 행이 바르면 마음이 편안하고, 고요함으로 더불어 도가 합하고, 움직임으로 더불어 마음이 회통하게 된다고 했다.

그리하여 어떤 어려움이나 장애에서도 좌절하거나 동요되지 않고, 비록 위태롭고 험난한 곳에 가더라도 그 위태로움과 험난함을 당하지 않고, 경지가 견고해 만물에게 전복을 당하지 않는다고 했다. 또 욕심 많고 악한 이를 만나더라도 그 욕심과 악행을 당하지 않는다고 했다. 따라서 이 네 가지 행을 잘 행하면 악한 세상을 거두어 안락하고, 시끄럽고 번다한 곳에서도 가는 곳마다 편안하고 즐겁지 않음이 없으니, 안락법문이란 바로 이러한 문에 들어가는 것을 말한다.

사람에게는 이성적 사고와 감성적 사고가 있다. 이성적으로는 탐욕(탐)과 분노(진)와 어리석음(치)을 끊는 것이 별 문제 없으나, 감성적으로 탐진치를 끊는 것이 결코 쉽지 않다. 그리고 감성적으로 탐진치가 끊어졌다고 해도, 잠재적인 탐진치가 아직 남아 있어 탐진치를 뿌리째 끊어 없애는 것이 결코 쉽지 않다는 것을 알아차리게 되면 공부의 가닥이 잡혔다고 할 수 있다.

마음을 비워야 비로소 지혜가 생긴다. 지혜가 생겨야 마음을 잘 쓸 수 있다. 참선은 하나씩 보태는 것이 아니라 하나씩 덜어내는 것이다. 구하고 이루는 것이 아니라 탐진치를 덜어내고, 관념을 덜어내고, 평생 내 안에 쌓아놓았던 지식을 덜어내고, 본 것을 덜어내고, 들은 것을 덜어내고, 마지막에 가서는 수행해서 얻은 경지까지도 덜어내고, 버린다는 생각까지도 버린 상태야말로 진정한 참선의 세계이고 부처의 가르침이다. 곧 조금이라도 얻을 것이 있다면 그것은 참선이 아니다. 오히려 짐을 덜어 버리려다 더 큰 짐을 짊어지는 격이 될 뿐이다.

몸과 마음의 조화 속에서 나타나는
사대경안四大輕安

좌선을 잘하면 가장 먼저 사대가 경안해진다고 했다. 여기서 4대四大란, 내 몸을 구성하는 4대 원소四大元素로서 땅地, 물水, 불火, 바람風을 말한다.

먼저 지대地大란 견고한 것을 본질로 하고 그 본질을 보존하여 유지하는 작용을 말한다. 수대水大란 습성濕性을 본질로 하는 작용을 가졌으며 화대火大란 열을 본질로 하여 태우는 작용을 일컫는다. 그리고 풍대風大란 움직이는 성질이 있고 만물의 성장 작용을 말한다.

『원각경圓覺經』 '보안보살장普眼菩薩章'에는 "나의 이 몸은 사대四大로 화합된 것이다. 말하자면 머리칼, 터럭, 손발톱, 이, 살갗, 근육, 뼈, 골수, 때, 빛깔들은 모두 흙으로 돌아가고, 침, 콧물, 고름, 피, 진액, 거품, 가래, 눈물, 정기, 대소변은 모두가 물로 돌아가고, 따뜻한 기운은 불로 돌아가고, 움직이는 기운은 바람으로 돌아가니, 사대四大가 뿔뿔이 흩어지면 지금의 허망한 몸뚱이는 어느 곳에 있을까?"라고 했다. 이와 같이 육신은 이 네 가지 요소로 이루어진 일시적인 존재에 지나지 않는다.

그렇다면 사대가 편안해진다는 것은 무슨 뜻일까? 경안輕安은 착한 마음과 상응하여 일을 잘 감당하고 몸이 편안하고 경쾌해지는 작용을 말하는 것으로, 혼침昏沈(정신이 밑으로 가라앉아 어둡고 탁하며 혼미해져 사리 분별을 못하는 것)을 버린 것을 신경身輕이라 하고, 도거掉擧(마음이 안정을 얻지 못하고 번뇌 망상이 어지럽게 일어나는 것)를 버린 것을 심안心安이라고 한다. 다시 말하면, 멍함이 없어지면 몸이 경쾌하고 마음이 또렷해지고, 들떠 산란해 있는 마음이 가라앉으면 마음이 편안해진다는 뜻이다. 이것이 경안이다.

깨달음으로 나아가는 일곱 가지 수행 방법인 칠각지七覺支에서

도 네 번째로 경안각지輕安覺支를 제시하고 있다. 원래 사대경안
四大輕安이란 온몸이 경쾌하고 편안해진다는 뜻이지만, 육체적인
경안을 얻기 위해서는 정신적인 경안이 반드시 뒤따라야 한다.
그러므로 사대경안은 몸과 마음이 조화를 이루었을 때 나타나는
현상이라 할 수 있다.

처음 좌선을 하면 자연히 몸에 힘이 들어가고 마음에도 힘이
들어간다. 그러나 오랫동안 꾸준히 하게 되면 어느 순간부터 망
념이 줄어들고 집중할 수 있게 되어 자연히 몸에 힘이 들어가지
않는다.

'힘이 덜 드는 것'이 생력省力이며, '힘을 얻는 것'이 득력得力
이다. 여기서 생력省力이란, 공부가 순하게 익어 힘이 덜어진다는
뜻이고 이것이 참선이 가져다주는 첫 번째 공능이다. 두 번째 공
능은 정신이 상쾌하고 예리해지는 것이다. 정신이 상쾌하고 예리
해진다는 것은 성성惺惺을 뜻한다. 성성이란, 분명하고 명료하게
깨어 있는 상태를 말한다.

참선을 할 때 대표적인 병통으로 혼침(멍함)과 도거(들뜸과 산란
심)를 들 수 있는데, 참선을 하는 대부분의 수행자들도 오랜 기간
혼침과 도거에 시달릴 정도로 이 두 가지는 수행을 방해하는 커
다란 걸림돌이다.

혼침이란, 마음이 분명하고 명쾌하지 못하고 혼미하여 몽롱한 상태에 빠지게 되는 것을 말한다. 이 혼침이 심하면 수마睡魔에 빠지게 된다. 그리고 마음이 고요하지 못하고 산란하여 들떠 있는 상태를 도거掉擧라고 하는데, 마음이 오락가락하고 혼란스러우며, 번뇌 망상 때문에 안정을 얻지 못하는 산란심이 그 구체적인 모습이다.

이렇게 혼침과 도거에 시달리는 것은 나태한 마음과 망상이 원인이다. 고요하기만 하고 깨어 있지 않으면 혼침에 잠겨 있는 것이고, 깨어 있기만 하고 고요하지 않으면 생각에 얽혀 있는 것이다.

예로부터 혼침과 도거를 이겨내는 방법으로 성성적적惺惺寂寂을 들고 있다. 성성惺惺이란 어둡지 않고 환히 깨어 있는 마음 상태를 말하고, 적적寂寂이란 한결같이 고요한 마음 상태를 말한다. 그러므로 혼침이 왔을 때 화두에 의지하여 온 힘을 다해 화두를 들어야 한다. 그렇게 해도 혼침은 쉽게 사라지지 않는다. 그래도 다시 몸과 마음을 다잡고 되풀이해서 온 힘을 다해 화두를 들고 또 들기를 되풀이하다 보면 어느새 화두가 순일하게 들리면서 혼침이 사라지고 몸과 마음이 화두와 한 덩어리가 된다. 그렇게 고요함 가운데서도 화두가 살아 있는 것을 성성적적惺惺寂寂이라 한다.

이와 같이 참선은 성성적적이 이루어지고 정신이 상쾌하고 예리해지게 하는 것이니 뜻이 있는 사람이라면 반드시 이 문에서 큰 지혜를 얻어야 할 것이다. 이것이 바로 참선의 두 번째 공능이다.

바른 생각이란
오직 보리(깨달음)를 생각하는 것

정념正念이 분명해지면 쉽게 삼매에 들 수 있다. 정념正念이 유지되어야만 삼매가 이루어지기 때문이다. 정념은 사념邪念의 반대말로서, 탐진치와 아상我相을 비롯해 사상四相(실제라고 믿는 네 가지 상 : 아상, 인상, 중생상, 수명상)의 마음이 아닌 진념眞念을 말하는 것으로, 밖의 경계에 구애받지 않고 동하지 않고 물들지 않는 마음을 말한다.

부처가 최초로 설법한 법문 가운데 8정도가 있다. 8정도 가운데 정념은 중생이 밖으로 경계에 끌려 시비분별하는 마음을 끊게 하기 위해 설하신 것이다. 대주혜해大珠慧海 스님은 자신의 저서 『돈오입도요문론頓悟入道要門論』에서 정념에 대해 다음과 같이 말하고 있다.

무엇을 사악한 생각邪念이라 하고, 무엇을 바른 생각正念이라 하는가? 유有와 무無를 생각하는 것은 사악한 생각이요, 유와 무를 생각하지 않는 것이 바른 생각이며, 선과 악을 생각하는 것은 사악한 생각이요, 선과 악을 생각하지 않는 것이 바른 생각이다. 이에 고락苦樂, 생멸生滅, 취사取捨, 원친怨親, 증애憎愛 따위를 생각하는 것은 모두 사악한 생각이요, 고락 등을 생각하지 않는 것을 바른 생각이라 한다. 무엇이 바른 생각인가? 바른 생각이란 오직 보리(깨달음)를 생각하는 것이다.

이와 같이 선종에서는 유무, 선악, 고락, 생멸, 원친, 증애 등 상대적인 생각을 하지 않고 분별하지 않는 것을 바른 생각이라고 한다. 육조 혜능도 법을 물은 행자에게 "선도 생각하지 말고 악도 생각하지 말라"고 했다. 상대적인 생각을 가지고 세상을 바라볼 때 세상은 온갖 차별이 생기게 되고, 그러한 차별은 온갖 부조리를 낳는다. 그러므로 선종에서는 차별이 있는 상대적인 생각을 끊어버린 무분별의 세계를 지향한다고 할 수 있다.

법미가 정신을 돕는다는 것에서 법미法味란, 법의 맛이란 뜻으로 부처의 가르침은 그 뜻이 심히 깊고 미묘해 마치 좋은 음식의 맛에 비유할 수 있다는 것이다. 법의 맛이란 세간의 맛이 아니다. 가령, 칭찬을 들으면 즐겁지만 그것은 법미가 아니며, 이익이 생기면 즐겁지만 역시 법의 맛은 아니다. 이러한 것들은 다만 세상의 맛일 뿐이다. 오직 정신세계에서 느끼는 즐거움의 맛이라야 법미라고 할 수 있다.

따라서 법미가 정신을 돕는다는 것은 법의 맛이라야 마음의 자량資糧이 되어 마음의 양식이 된다는 뜻이다. 자기 자신을 버리고 마음을 깨끗이 했을 때 갖는 그 즐거움과 맛, 이것이 바로 법미이다.

적연하고 청정하여 즐겁게 된다고 한 것은, 적연寂然은 고요해서 평온한 상태를 뜻하고, 청락淸樂은 맑은 즐거움이라는 뜻이다. 다시 말하면 색色, 수受, 상想, 행行, 식識에 동요가 없고 탐진치 등 온갖 번뇌가 끊어진 경지에서 한가로이 살림살이를 구상하는 것과 같은 즐거움을 말한다. 흔히 말하는 안빈낙도安貧樂道, 곧 가난한 것을 편히 여기고 도를 즐겁게 여기는 것과 같은 경지라 할 수 있다.

: 나는 지금 어디로 가고 있는가 :

참선이라고 할 때 '참'은 '참구参究한다'는 말로, 한 치의 빈틈도 없이 연구한다는 뜻이다. 그러므로 참선이란 한 치의 빈틈도 없이 자기 자신과 세상을 들여다보고 연구한다는 것이라 할 수 있다.

중국 하얼빈 흑룡강 대학에 갔을 때 그 대학의 건학 이념을 보고 놀란 적이 있다. '참천진물参天眞物', 이 넉 자가 흑룡강 대학의 건학 이념이었다. 참천진물이란 '하늘의 이치를 깨닫고 만물의 이치를 하나도 놓치지 않고 다 알아차린다'는 뜻이다. 무릇 공부를 한다면 이 정도 큰 뜻을 품고 해야 하지 않을까 하는 생각이 들었다.

그런데 한국 학생들 중에는 공부를 왜 하는지도 모른 채 오직 공부만 하는 학생들이 있다. 학교 수업도 모자라 밤늦게까지 학원에서 또 공부를 하면서도 왜 공부를 하는지 모른다. 기껏해야 좋은 성적을 얻어 좋은 대학에 들어가기 위해 공부한다는 대답을 한다. 그 공부가 과연 신명나고 재미가 있을까?

조각배를 타고 망망대해를 건너는 사람이 무사히 반대편 육지에 도착하기 위해서는 노를 젓는 것도 중요하지만 정확한 방향으로 노를 저어가는 것이 더 중요하다. 반대편 육지 쪽으로 방향을 정확하게 잡고, 그 방향을 잃지 않고 노를 저어 갈 때 그 사람의 노 젓기는 의미 있는 것이 된다. 그런데 육지와 동떨어진 방향으로 노를 저어 가면 노 젓는 노력은 유익한 것이 아니라 오히려 그 사람을 위험에 빠뜨리게 하는 것이 되고 만다.

왜 공부하는지도 모르고, 오직 좋은 성적을 얻어 좋은 대학에 가겠다는 생각으로 공부하는 학생은 방향이 맞는지 틀린지도 모르는 상태에서 무조건 노를 젓고 보자는 사람과 비슷하다. 물론 그렇게 젓다 보면 언젠가는 육지에 도달할 수도 있다. 하지만 그 과정은 너무나 힘들고 고통스러울 뿐이다.

열심히 노를 젓는 것보다는 방향을 잘 정하고, 그 방향을 잃어버리지 않는 것이 더 중요하다. 방향만 잃지 않는다면 단 한 번의 노 젓기도 헛되지 않기 때문이다. 이런 의미에서 참선은 우리가 살아가야 할 삶의 방향을 알려주고, 그 방향을 잃지 않게 해주는 나침반과 같다.

若己有發明者는 可謂如龍得水요 似虎犇山이어니와 若未有
發明者는 亦乃因風吹火하야 用力不多니라. 但辨肯心이면 必
不相賺이니라.

이미 깨달은 사람이라면 용이 물을 얻은 것과 같고 호랑이가 산을
달리는 것과 같다고 할 수 있지만, 만약 아직 깨닫지 못했다 하더라
도 마치 바람 부는 쪽으로 불을 놓아주는 것처럼 힘을 많이 들이지
않아도 될 것이니라. 다만 긍정적인 마음을 가진다면 결코 잘못되
지 않을 것이다.

若 같을 약	己 그칠 이	有 있을 유	發 필 발	明 밝을 명
者 놈 자	可 옳을 가	謂 이를 위	如 같을 여	龍 용 용
得 얻을 득	水 물 수	似 같을 사	虎 범 호	犇 달릴 분(고)
山 뫼 산	未 아직 미	亦 또 역	乃 이에 내	因 인할 인
風 바람 풍	吹 불 취	火 불 화	用 쓸 용	力 힘 력
不 아닐 부	多 많을 다	但 다만 단	辨 힘쓸 판	肯 즐길 긍
心 마음 심	必 반드시 필	相 서로 상	賺 속일 잠	

'발명發明'이란 자신의 본래 모습에 눈을 뜨는 것, 곧 깨달음을 뜻한다. 따라서 만약 깨달았다면 용이 물을 얻은 것 같고, 호랑이가 산을 달리는 것과 같다. 용이 물을 얻었다는 것은 때를 만났다는 비유이고, 호랑이가 산을 달린다는 것은 적절한 자리를 만났다는 비유다. 이는 모두 최고로 힘을 얻은 상태를 말한다.

바람 부는 쪽으로
불을 놓다

용은 조화를 일으켜 비를 내리게 하는 신물로, 조화를 일으킨 다음에는 다시 비구름을 타고 하늘로 올라간다. 이런 의미에서 이 말은 공부가 완성된 경지를 비유한다.

호랑이는 비록 용맹스럽지만 우리 속에 갇히면 힘을 쓰지 못한다. 하지만 산속으로 들어가면 그 용맹함을 발휘한다. 따라서 이는 사상四相의 우리 속에 갇힌 중생이 사상의 우리를 허물고 나온 모습을 비유적으로 한 말이다.

이렇듯 참선을 통해 깨달음을 얻게 되면 우리 삶에는 큰 변화가 생기게 된다. 반대로 그렇지 못하게 되면 마치 바람을 마주 한 채 불을 놓는 것과 같아 이미 가지고 있는 힘조차 제대로 쓰지 못하게 되고 만다. 그렇다고 희망이 없는 것은 아니다. 비록 아직 깨닫지 못했다 하더라도 참선을 꾸준히 행한다면 큰 힘 들이지 않고 깨달음을 얻을 수 있다. 방향만 바꾸어 바람 부는 쪽으로 불을 놓기만 하면 되기 때문이다.

결국 깨달음이란 바람 반대쪽으로 불을 놓던 것을 바람 부는 쪽으로 불을 놓는 것과 같다. 그러므로 중요한 것은 때가 익기를 기다리며 열심히 수행하는 것이다.

'긍정하는 마음을 지닌다면 반드시 잘못되지 않을 것이다'고 한 문단에서 긍정하는 마음이란, 마음에 허덕임이 없고 갈등이 없고 시비가 없어 어느 곳에서도 거리낌이 없음을 말한다.

긍정하는 마음이 실상의 이치에 부합하면 모든 것에 긍정하게 되지만, 현상계의 허상에 집착하는 어리석은 마음을 갖게 되면 세상 만물에 긍정하지 못할 뿐 아니라 싫어하고 좋아하는 마음으로 갈등하게 된다. 그 결과 고통 속에서 헤매게 되니 이는 수행하는 사람이라면 반드시 경계해야 할 것이다.

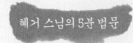

: 마음일기 :

　걷다가 넘어져 무릎만 까져도 울상을 짓고 약을 바르는 것이 사람이다. 자기가 원해서 맛있게 먹고도 소화가 조금 안 된다고 약을 먹는 것이 사람이다. 얼굴에 작은 뾰루지라도 나면 온종일 거울을 들여다보며 야단법석을 떠는 것이 사람이다. 이렇듯 자신의 몸 어딘가가 불편하고 예쁘지 않으면 여간 신경을 쓰지 않는다.

　하지만 몸에 쓰는 신경만큼 자신의 마음을 세심하게 관찰하는 사람은 많지 않다. 다이어트를 위해 엄격하게 식단을 짜고, 세세하게 그램 단위로 먹고 마시면서도 자신의 마음을 위해서는 그렇게 신경 쓰지 않는다. 그러는 사이 사람들의 마음은 지치고 병들어 간다.

　참선은 자기도 모르게 내팽개쳐져 있는 마음을 관찰하는 수행이다. 하지만 관찰만으로는 부족하다. 관찰한 것을 기록할 수 있어야 한다. 자신의 마음 변화를 세세하게 관찰하고 기록해 그 변화를 민감하게 느낄 수 있어야 한다.

사람은 자신의 마음이 자신의 것이면서도 마음 상태를 잘 모른다. 지금 화가 났는지, 우울한지, 슬픈지, 서운한지, 속상한지 잘 모른다. 그러고는 막연히 '기분 나빠' 또는 '짜증나'라고 말해버린다. 그렇게 해서는 자신의 마음을 달래줄 수가 없다. 자신의 마음 상태를 잘 관찰해 민감하게 느낄 수 있어야 자신이 지금 분노하고 있는지, 미안해하고 있는지, 아니면 부끄러워하고 있는지, 또는 서운해하고 있는지를 정확히 알게 된다. 그렇게 되면 비교적 쉽게 해결 방안을 찾을 수 있다.

자신의 마음 상태에 민감하고 세세하게 변화를 느낄 수 있게 하는 데 있어 가장 좋은 것이 마음일기를 쓰는 것이다. 자신의 마음이 어떤지 관찰하고, 그것을 글로 옮겨보는 것이다. 그렇게 되면 자신의 마음을 잘 알아차릴 수 있고, 그 마음을 잘 표현할 수 있게 된다. 강한 치유의 힘이 작용하게 되는 것이다.

자신의 마음을 잘 알아차린다는 것은 자신의 마음을 잘 다스릴 수 있다는 뜻이기도 하다. 우리가 무엇인가를 '안다'고 하는 것은 그것을 '통제할 수 있다'는 의미와 똑같이 쓰일 때가 많다. 우리가 내 마음을 다스리지 못하고 내 의지와 상관없이 마음이 요동치는 것은, 그래서 내 마음인데도 내가 어쩌지 못하는 것은 내가 내 마음을 잘 모르기 때문이다. 내 마음을 아는 것, 그것은 자기 마음을 다스릴 수 있는 출발점이고, 마음일기를 쓰는 것으로 시작할 수 있다.

도고마성
道高魔盛

然而道高魔盛하야 逆順萬端이나 但能正念現前하면 一切不能留礙니라. 如楞嚴經과 天台止觀과 圭峰의 修證儀에 具明魔事하니 預備不虞者는 不可不知也니라.

도가 높아지면 마魔가 맹렬하게 성해지는 법이라 역경과 순탄함이 만 가지나 되지만, 올곧게 마음을 지킨다면 그 어떤 것도 장애가 되지 않을 것이다. 『능엄경』과 『천태지관』과 규봉의 『수증의』에서 잘못되는 마의 일을 다 밝혀 두었으니, 미리 대비한다면 잘못되는 일은 없을 것이다.

然 그럴 연	而 말이을 이	道 길 도	高 높을 고	魔 마귀 마
盛 성할 성	逆 거스를 역	順 순할 순	萬 일만 만	端 바를 단
但 다만 단	能 능할 능	正 바를 정	念 생각 념	現 나타날 현
前 앞 전	切 모두 체	不 아닐 불	留 머무를 유	礙 거리낄 애
如 같을 여	楞 모롱 릉	嚴 엄할 엄	經 날 경	天 하늘 천
台 별 이름 태	止 그칠 지	觀 볼 관	圭 홀 규	峰 봉우리 봉
修 닦을 수	證 증거 증	儀 거동 의	具 갖출 구	明 밝을 명
事 일 사	預 미리 예	備 갖출 비	虞 근심할 우	者 놈 자
可 옳을 가	知 알 지	也 어조사 야		

수행자라면 누구든지 경험할 수 있는 마魔에 대해 설명하고 있다. 예로부터 좋은 일 뒤에는 장애가 많았는데, 이를 호사다마 好事多魔라고 한다. 마찬가지로 수행자의 도道 또한 높아질수록 마魔가 마치 불이 일어나듯 왕성해진다고 했는데, 이것이 도고 마성道高魔盛이다.

오늘날 참선은 세계적으로 널리 유행하고 있는 수행법이 되었다. 그리하여 참선에 대한 연구도 활발해지고 있다. 이처럼 참선이 승가, 재가, 불교인, 비불교인을 가리지 않고 일반적인 수행법이 되고 있는 것은 그만큼 참선이 사람들의 생활에 큰 영향을 미치고 있기 때문이다.

그러나 참선이 반드시 이익만 있는 것은 아니니 참선 수행을 하는 사람들은 반드시 수행하는 도중 여러 가지 부작용들을 만나게 된다. 그런데도 사람들은 부작용에 대해 잘 모른다. 선 수행에만 주력할 뿐, 선이 잘못되면 도리어 병을 불러일으킨다는 사실을 모른다. 그리고 병을 얻더라도 대처하는 법을 몰라 방황하는 사람 또한 적지 않은데, 이때 올바른 선지식을 만나지 못하고 삿된 스승을 만나게 되면 영원히 병을 고치지 못하게 되기도 한다.

참선을 하다 보면 그 과정이 순탄치 않고 장애가 생기는 경우가 많다. 물론 참선 수행이 아니더라도 사람들은 살아가면서 끊임없이 장애를 만난다. 이처럼 참선 수행에서는 물론 일상생활에서도 생기는 장애를 보통 마장魔障이라 한다. 이러한 장애를 만났을 때 어떻게 이겨내는가 하는 것은 무척 중요하다.

집착하는 순간
그 모든 것이 마가 된다

참선을 잘하면 몸이 가볍고 편안해지며 정신이 상쾌하고 예리해지면서 옳고 그름이 분명해지지만, 이러한 경지가 높아지면 이를 방해하는 마魔 역시 높아진다. 마는 일반적으로 마구니 또는 악마라고 한다. 참선 수행에 있어 마의 일을 잘 아는 것은 무척 중요하다. 마의 일을 잘 알아야 마의 침입을 받지 않을 수 있고, 또한 이미 침입한 마를 이겨낼 수 있기 때문이다. 게다가 마는 지금까지의 수행을 송두리째 망쳐버릴 수도 있기 때문에 옛날 선지식들은 수행자에게 반드시 마의 일을 잘 알아야 한다고 여러 차례 주의를 주었다.

참선 중에 나타나는 경계와 장애를 올바르게 알면 두려워할 것이 없고, 오히려 그 경계와 장애는 수행을 도와주는 좋은 계기가 된다. 하지만 이러한 경계와 장애들은 알면 약이 되지만, 모르면 장애가 되고 만다. 그러므로 선을 수행할 때 나타나는 장애에 대해 그 장애가 어디에서 비롯되며, 그 현상은 어떠하고, 대처법은 무엇인가를 잘 알아야 한다. 그렇지 않으면 바르게 수행 정진할 수가 없다.

그렇다면 마란 무엇일까? 마魔는 산스크리트어의 'ma-ra'의 음사어音寫語인 마라魔羅의 준말로, 장애자障碍者, 살자殺者, 악자惡者라 번역한다. 사람의 몸과 마음을 어지럽게 하여 깨달음을 얻는 데 방해가 되는 여러 가지 모양의 장애를 한꺼번에 이르는 말로, 예로부터 우리나라에서는 마구니라 했다.

서산대사西山大師는 『선가구감禪家龜鑑』에서 '마란 삶과 죽음을 좋아하는 귀신의 이름이며, 8만 4천의 마군이란 바로 중생의 8만 4천 번뇌다'라고 했고, 또 '문자도 마업魔業이고, 이름과 모양도 마업이며, 심지어 부처의 이야기까지도 마업이다'라고 했다. 문자도, 이름도, 모양도 심지어 부처의 말도 마업이라고 한 것은 문자와 이름, 형상뿐만 아니라 부처의 가르침에도 집착하지 말라는 뜻이다. 집착하면 집착하는 순간 그 모든 것이 마가 되어 결코 해탈할 수 없게 된다는 것을 말한 것이다. 이것이 부처의 참된 가르침이며 다른 종교와의 차이점이라고 할 수 있다.

성철 스님은 『선문정로禪門正路』에서 "참선을 하는 사람이 꿈같고 허깨비 같은 헛된 명리에 집착해 도를 얻지 못하고도 얻었다고 하고, 깨닫지 못하고도 깨달았다고 하는 허튼소리大妄語 죄를 범하면 자기를 파멸하고 부처 종자를 단절하여 불법상佛法上의 대악마가 된다"고 하였다.

이처럼 수행하는 사람이 깨달음에는 관심이 없고 꿈같고 허깨비 같은 허망한 명예나 재물을 탐착하거나, 도를 얻지 못했는데도 도를 얻었다고 하면서 뭇 사람들을 미혹하게 하거나, 깨닫지 못했으면서도 스스로가 깨달았다고 하는 허튼소리를 한다면 그것은 결국 자기 자신을 파멸하는 것이고 부처 종자를 단절하는 대악마가 되는 것이다.

이러한 것으로 볼 때 선종禪宗에서는 대체로 일체의 번뇌와 일어나는 마음起心, 의심疑心, 깨닫지 못하고도 깨달았다고 하는 허튼소리, 삿된 견해, 수행하는 사람이 헛된 명예나 이익에 집착하는 것, 분별하는 것, 마음 밖에서 부처를 보는 것 등을 마로 보았다는 것을 알 수 있다. 이는 마가 형상을 갖고 있는 외부의 실체가 아니라, 내면의 마음 상태인 번뇌, 망상, 분별, 사견, 의심 등에서 비롯된 것으로 수행에 장애가 되는 그 모든 것을 통틀어 일컫는 것이라 할 수 있다.

도道가 높을수록
마魔가 치성한다

  본문에서는 '도가 높을수록 마가 치성하여 역과 순이 끝이 없다'고 하였는데 여기서 말하는 '역'은 역경계를 뜻하고, '순'은 순경계를 뜻한다. 순경계와 역경계에 대해서는 『소지관』과 『기신론소』에서 자세히 설명하고 있는데, 마가 치성하면 세 가지의 경계로 사람의 착한 마음을 깨뜨리니, 첫째는 감정에 거슬리는 일을 만들어 사람들에게 공포를 느끼게 하고, 둘째는 감정에 순응하는 일을 만들어 사람들이 마음으로 집착하게 하며, 셋째는 감정에 거슬리지도 순응하지도 않는 일을 만들어 수행자의 마음을 무기력하게 하여 선정을 잃게 한다고 하였다.

  수행하는 사람들은 대부분 선경계는 집착하고 악경계는 싫어하는 마음을 내지만 순경계든 역경계든 모두 극복해야 할 대상이다. 다시 말해, 좋은 것도 싫은 것도 모두 경계해야 한다. 좋은 것도 집착하는 순간 수행을 방해하는 것으로 돌변하기 때문이다. 실제로 역경계와 순경계는 동전의 양면과도 같아서 그 본질은 하나이지만, 자신의 무지無知와 미혹迷惑에 따라 역경계와 순경계로 나누어질 뿐이다. 그러므로 다만 경계에 동요되지 않으면 마가 되지 않지만, 경계에 동요되어 싫어하고 좋아하여 집착하게 되면 모든 것이 마가 된다.

'다만 정념이 현전한다면 일체에 걸릴 것이 없다'고 한 것은 마에 대응하는 방법을 밝힌 것이다. 마는 밖에서 오는 것이 아니라 자기 스스로 분별을 지어 생기는 것으로 본래 그 실체가 없다. 그러므로 모든 경계는 오직 자기 마음의 분별이 만들어낸 것이기 때문에 마음 밖에 별다른 경계가 없는 줄 안다면 경계상이 바로 없어지니 이것이 모든 마를 없애는 방법이기도 하다.

불교에서는 인간과 세계의 본질과 참 모습을 이해하는 요소로서 오음伍陰을 들고 있다. 오음은 오온伍蘊이라고도 하며 색色(물질), 수受(감각), 상想(지각), 행行(형성력), 식識(식별작용)을 말한다. 이 오음은 크게 색과 그 작용(수상행식)으로 나뉘는데, 색은 사대인 지수화풍地水火風을 말한다. 그런데 『능엄경』 권2에서는 오음에 대해 설명하면서 오음이 곧 인간을 이루는 요소이지만 인간이 맞이하는 여러 가지 장애 역시 이 오음에서 비롯된다고 했다.

『금강삼매경金剛三昧經』에서도 한 생각이 움직이면 오음이 함께 일어나니 오음 가운데 50가지 악이 갖추어져 있다고 하였고, 『잡아함경雜阿含經』에서도 나타羅陀가 부처에게 마의 정체를 물으니 "색수상행식 모두 마라고 해야 한다"라고 했다. 곧 부처는 색수상행식 오음의 작용이야말로 마의 정체라고 대답한 것이다.

결국 부처는 이 다섯 개의 개념이 인간의 육체적, 정신적 정체를 나타내는 것이라 보았고, (악)마란 그런 요소들이 작용해서 생기는 내재적인 갈등이나 불안으로 보았던 것이다.

불佛 경계와 마魔 경계는 따로 있는 것이 아니라, 어느 한 견해를 세우거나 어느 한 경계에 머무르면 그것이 마가 되어 걸림돌이 되고 만다. 이는 결국 마와 불이 둘이 아니고 하나란 뜻이니 마의 경계가 없어지지 않더라도 걱정하지 말고, 마의 경계가 없어지더라도 또한 기뻐하지 말아야 한다. 마란 마인 줄 알면 없어지고, 마가 사라지면 그 경계가 참 공부의 경계이며, 참 경계마저 집착하지 않고 떨쳐내야 참선 문에 들었다 할 수 있다.

： 갈구하되 집착하지 말라 ：

하기 싫은 것을 하고, 하고 싶은 것을 참을 수 있으며, 간절히 바라지만 집착하지 않는 것, 이것이 조절이다. 그런데 이것이 말처럼 쉽지 않다. 오히려 하기 싫은 것은 더 하기가 싫고, 하고 싶은 것은 더 하고 싶으며, 바라는 마음 이상으로 집착하는 것이 보통 사람들의 마음이다.

갓 태어난 아기는 배가 고파도 울고 잠이 와도 운다. 뭔가 불편하고 부족하면 울기부터 한다. 그렇게 하면 대개 원하는 것을 얻을 수가 있다. 하지만 어린 아이는 영원히 어린 아이로 머물지 않는다. 몸과 마음은 성장하게 되고, 어느 순간 울어도 해결되지 않는 시점이 온다. 그 순간이란 바로 자신의 욕구와 엄마의 욕구가 다를 때이다.

아직 어릴 때 아이는 하루 종일 누워 있다. 이때는 아이의 욕구와 엄마의 욕구가 서로 맞지 않을 가능성이 거의 없다. 그런데 아이가 자라 혼자 움직이기 시작하면 상황은 달라진다. 엄마의 눈에는 집 안에 있는 많은 것들이 아이에게 위험한 것으로 보인다. 하지만 철없는 아이는 갖고 싶은 것이 있으면 울기부터 한다. 그렇지만 엄마가 아이의 손에 칼을 쥐여줄 수는 없는 노릇이다. 이처럼 아이가 태어나 가정 먼저 겪게 되는 좌절이란 하고 싶은 것을 못 하게 되는 것에서 비롯된다. 그런데 이것은 아이가 그만큼 자랐다는 뜻이기도 하다.

아이는 자라면서 하고 싶은 것을 모두 다 할 수는 없다는 것을 배우게 되고, 좀 더 자라면 하기 싫은 것도 해야 된다는 것을 배우게 된다. 그러므로 인간의 성장이란 하고 싶은 것을 참을 줄 알고, 하기 싫은 것을 할 줄 아는 것을 몸에 익혀 나가는 과정이라 할 수 있다. 하고 싶은 것과 하기 싫은 것을 적절하게 조절할 수 있다고 판단할 때, 우리 사회는 그 사람을 성인成人이라 하고 많은 권한과 권리를 선물한다.

하고 싶은 것과 하기 싫은 것을 적절히 조절할 수 있게 되면 나의 욕구와 타인의 욕구가 부딪힐 때 그것을 지혜롭게 해결해나갈 수 있다. 이것이 성장이고, 성숙이다.

若欲出定인댄 徐徐動身하야 安詳而起요 不得卒暴이니라. 出定之後에도 一切時中에 常作方便하야 護持定力하되 如護嬰兒면 卽定力易成矣니라.

만약 선정에서 나오고자 한다면 몸을 천천히 움직이고 편안하고 조심스럽게 일어나되, 갑작스럽게 일어나서는 안 된다. 선정에서 나온 뒤에도 언제나 좌선의 방법에 의하여 삼매의 힘을 지켜 나가되, 마치 어린 아이를 감싸 보호하듯 하면 선정의 힘이 쉽게 이루어질 것이다.

若 같을 약　　欲 하고자할 욕　　出 나갈 출　　定 정할 정　　徐 천천히 서
動 움직일 동　　身 몸 신　　安 편안할 안　　詳 자세할 상　　而 말 이을 이
起 일어날 기　　不 아니 불　　得 얻을 득　　卒 마칠 졸　　暴 사나울 폭
出 나갈 출　　之 갈 지　　後 뒤 후　　切 모두 체　　時 때 시
中 가운데 중　　常 항상 상　　作 지을 작　　方 방위 방　　便 편할 편
護 보호할 호　　持 가질 지　　力 힘 력　　如 같을 여　　嬰 갓난아이 영
兒 아이 아　　卽 곧 즉　　易 쉬울 이　　成 이룰 성　　矣 어조사 의

참선하는 사람이 입정入定이나 출정出定없이 깊은 몰입 상태, 곧 선정에 든다면 이는 일행삼매一行三昧(잡념이 없고 오직 염불에만 전념함)가 되어 부처의 경지가 될 것이다. 여기서 입정이란 좌선을 위한 준비 과정을 말하고, 출정은 좌선을 끝낸 뒤 선정에서 나오는 과정을 말한다.

입정 방법은 이미 앞에서 구체적으로 설명했기 때문에 여기서는 출정에 대해 이야기하도록 하겠다. 출정, 곧 참선을 끝낼 때는 '천천히 몸을 움직이고 편안하고 조심스럽게 일어나되 갑작스럽게 일어나서는 안 된다'고 했다. 『법화경』 '방편품方便品'에서도 '그때 세존께서 삼매로부터 편안하고 조심스럽게 일어나셨다爾是 世尊從三昧 安詳而起'라고 했다.

참선을 할 때 입정과 출정을 세세히 해야 하는 것은 인간의 몸이 가진 유한성 때문이다. 사람의 마음은 때와 장소에 구속받지 않아 입정과 출정에 구애를 받지 않지만 몸은 그렇지 않다. 그러므로 참선을 끝낼 때는 먼저 마음으로 좌선이 끝났음을 생각한 후 조용히 눈을 감고 몸과 마음을 추슬러야 한다. 그런 다음 몸을 천천히 움직이되 먼저 손을 살살 쥐었다 폈다 한 뒤, 목을 앞뒤 좌우로 움직여준다. 그리고 허리를 앞뒤 좌우로 살살 틀어준 다음 두 발을 천천히 움직여 유연하게 한다.

그런 뒤에는 손으로 팔과 다리를 골고루 주물러서 온몸의 모공을 자극하고, 마지막으로 두 손바닥을 문질러 따뜻하게 만들어 눈에 갖다대는 동작을 몇 번 되풀이한다. 이렇게 하면 몸의 열이 가라앉고 온몸이 부드럽게 되는데 그렇게 한 뒤 좌선을 끝내면 된다. 이것이 출정出定이다.

일상생활과 선정이
둘이 아니게 하라

가끔 참선을 끝내고 갑자기 몸을 움직여 목이나 허리를 다치기도 하고 등에 담이 결리는 경우도 있는데, 이는 모두 앉는 자세가 바르지 않고 참선 후에 너무 급하게 몸을 움직였기 때문이다.

여기에 덧붙여 주의할 것이 있다. 정해진 시간 동안 수행할 생각에 알람을 맞춰 놓는 사람들이 있다. 그러나 이것은 삼가야 할 일 가운데 하나다. 초심자에게는 알람 소리가 별 문제가 안 되지만 초심의 경지를 벗어나 깊이 집중할 수 있는 수행자에게는 위험하기 때문이다. 강한 집중 상태에서 오랫동안 앉아 있게 되면 아주 작은 소리에도 크게 놀란다. 그러므로 큰 알람 소리는 아주 위험할 수 있다. 선방에서 참선이 끝난다는 것을 알릴 때, 죽비를

치기 전에 먼저 방바닥을 살짝 긁어 아주 작은 소리를 내는 것은
이 때문이다. 그러므로 부득이하게 알람을 맞춰 놓고 해야 할 경
우에는 그 소리를 아주 작게 해야 할 것이다.

한편, 여러 사람이 함께 참선을 할 때는 계속해서 참선하는 사
람들에게 방해가 되지 않도록 해야 한다. 소리 나게 손바닥을 비
빈다거나 팔다리를 툭툭 치고 주무르는 행동을 해서는 안 된다.
그렇다면 참선을 끝낸 뒤 왜 이렇게 몸가짐을 조심하면서 출
정을 해야 하는 것일까? 그것은 선정을 계속 유지하기 위해서다.
이 때문에 「좌선의」에서도 '출정하고 난 뒤에도 항상 선정을 유
지하되 마치 어린 아이 보호하듯이 하라'고 한 것이다.

참선은 그 자체로도 중요하지만 더 중요한 것은 참선 때 얻은
선정을 참선이 끝난 뒤에도 계속 유지하는 것이다. 그렇지 않고
참선을 한다고 앉아 있을 때는 선정에 있다가 참선을 끝내고 일
상으로 돌아와서는 보통 때와 똑같아진다면 그 수행은 하나 마나
일 것이다. 참선을 통해 선정을 쌓고, 그 선정이 쌓이고 쌓여 참
선을 끝낸 뒤에도 행주좌와어묵동정行住坐臥語默動靜(가고, 머물고,
앉고, 눕고 말하고, 침묵하고 움직이고, 고요한 것을 말하는 것으로 사람의 일
상이라 할 수 있다)에 변화가 있어야 할 것이다. 곧 선정을 유지해
일상생활과 선정이 둘이 아니라 하나가 될 때에야 비로소 참선을

한다고 할 수 있는 것이다.

　그래서 옛사람들은 참선 수행을 할 때 선정을 유지하기 위해 묵언을 하고 계율도 지키는 등 나름대로의 규칙을 정해 일상생활에서 선정이 깨어지지 않도록 어린 아이 보호하듯 몸가짐을 조심조심 했던 것이다. 그러므로 이 선정이 하루 24시간 끊어지지 않고 이어질 수 있는 방법을 찾았다면 비로소 참선하는 길을 찾았다고 할 수 있을 것이다.

: 일일일사, 일일일선 :

참선을 하면 삶이 바뀌어야 한다. 참선은 열심히 하는데 살아
가는 것이 전혀 바뀌지 않는다면, 그 참선은 방석 위에 갇힌 죽은
참선밖에 되지 않을 것이다.

그렇다면 어떻게 바뀌어야 할까? 그 변화는 사람마다 제각기
다를 것이다. 따라서 이렇게 바뀌어야 한다 또는 저렇게 바뀌어
야 한다고 말하는 것은 지혜롭지 못하다. 다만 스스로 변화를 만
들어가기 어려워하는 사람들을 위해 길잡이 차원에서 변화의 예
와 시작을 보여주는 것은 나름대로 의미가 있을 것이다.

궁극적인 변화는 마음의 변화일 것이다. 하지만 안타깝게도 마음은 눈에 보이지도 않고 손으로 만져볼 수도 없다. 그러므로 마음을 변화시키기는 무척 어렵고 시간이 많이 걸린다. 이때 효과적인 것이 눈에 보이는 것을 먼저 변화시키는 것이다. 그렇게 하다 보면 어느 순간 마음의 변화가 일어나게 된다.

가장 쉽고 또 효과적인 것이 일일일사 일일일선一日一事 一日一善이다. 하루에 한 가지 일을 하고, 하루에 한 가지 선을 베푸는 것이다. 이것은 약간의 정성만 가지면 누구나 할 수 있고, 또 그 변화를 온몸으로 확인할 수 있다.

일일일사는 무슨 일이 있어도 하루에 한 가지는 꼭 하겠다고 결심하는 것이다. 예컨대 '하루에 한 번은 반드시 책을 읽겠다'는 것을 결심하는 것이다. 얼마나 많이 읽는가 하는 것은 그리 중요하지 않다. 중요한 것은 하루도 빠짐없이 책을 읽는 것이다. 어떤 날은 5분을 읽고, 또 어떤 날은 1시간을 읽을 수도 있다. 중요한 것은 날마다 읽는 것이고, 그렇게 읽다 보면 어느새 한 권, 두 권 책을 읽게 될 것이다. 재미난 소설을 읽어도 좋고, 불경을 읽어도 좋다. 이것이 일일일사다.

일일일선은 글자 그대로 하루에 한 가지 좋은 일을 하는 것이다. 그것이 무엇이든지 좋다. 구체적으로 남을 이롭게 하는 것도 좋은 일이고, 화가 나지만 좋은 일 한다 생각하고 참아주고 양보하는 것도 좋은 일이다. 정 할 것이 없다면 아는 사람에게 전화를 해서 덕담이라도 해주자. 이것이 일일일선이다.

사람은 누구나 다른 사람에게 존경받고 싶어 한다. 다른 사람에게 존경받기 위해서는 갖춰야 될 것이 두 가지 있다. 하나는 깊어야 하고, 하나는 넓어야 한다. 깊고 넓으면 존경을 받을 수 있다.

깊다는 것은 아는 것을 의미한다. 하지만 깊기만 하고 넓지 못하면 이것도 문제다. 넓지 못하다는 것은 너그럽지 못하단 말이다. 많이 알지만 너그럽지 못하면 사람들은 그 사람을 무서워하기는 해도 존경하지는 않는다. 존경을 받으려면 깊고 넓어야 한다.

사람을 깊고 깊게 만들어주는 것이 일일일사이고, 넓고 넓게
만들어주는 것이 일일일선이다.

3장 ... 좌선의 강의

夫禪定一門은 最爲急務니라. 若不安禪靜慮면 到這裏에 總須茫然이니라. 所以로 探珠宜靜浪이요 動水取應難이라. 定水澄淸이면 心珠自現이니라.

선정이 가장 급한 일이다. 만약 참선으로 고요한 마음을 여여하게 이루지 못한다면 여기에 이르러 모든 것이 망연하게 될 것이다. 이 때문에 구슬을 찾으려면 마땅히 물결을 고요하게 해야 할 것이니, 물이 움직이면 구슬을 찾기 어렵다. 물이 고요해져 맑고 맑아지면 마음의 구슬이 저절로 드러나게 된다.

夫 지아비 부	禪 고요할 선	定 정할 정	門 문 문	最 가장 최
爲 할 위	急 급할 급	務 힘쓸 무	若 같을 약	不 아니 불
安 편안할 안	靜 고요할 정	慮 생각할 려	到 이를 도	這 이 저
裏 속 리	總 거느릴 총	須 모름지기 수	茫 아득할 망	然 그럴 연
所 바 소	以 써 이	探 찾을 탐	珠 구슬 주	宜 마땅할 의
靜 고요할 정	浪 물결 랑	動 움직일 동	水 물 수	取 취할 취
應 응할 응	難 어려울 난	澄 맑을 징	淸 맑을 청	心 마음 심
自 스스로 자	現 나타날 현			

무릇 선정이 가장 급한 일이라고 말하고 있다. 선정이란, 참선을 통해 마음의 내면을 닦아 깊은 몰입에 이른 것을 말한다. 참선이란 다른 것이 아니다. 일념정려一念精慮, 곧 한마음으로 마음을 고요히 한다는 뜻이다.

마음을 고요히 한다는 것은 잡념이 없고 오직 한 생각에 몰입하는 것을 말하는데, 몰입이란 한 가지 생각에 깊이 다가가는 것이고, 그 몰입이 깊어지고 깊어지면 삼매가 된다. 생각이 한 가지로 모이지 않는다는 것은 그만큼 산만하다는 것인데, 산만해서는 그 무엇에서도 성공할 수 없다. 오직 한 가지 생각에 몰입하고 몰입해야 생각이 깊어지고 판단이 분명해져서 이치에 통달하게 된다.

성공하는 사람은 언제나 어느 것 하나를 생각하는 사람으로, 그 생각이 끊어짐이 없고 의문도 끊어짐이 없어 실수가 적고 결국에는 큰 성공을 이루어낸다. 이렇듯 참선을 하여 생각이 하나로 모이면 마음이 고요해지고 집중력이 증가하면서 만물을 있는 그대로 비추어볼 수 있는 힘이 생긴다.

대주혜해大珠慧海 선사는 『돈오요문頓悟要門』에서 선정에 대해 '망념妄念이 일어나지 않는 것이 선禪이요, 앉아서 본성本性을 보는 것이 정定이니, 본성이란 너의 무생심無生心이요, 정이란 경계를 대對함에 무심하여 팔풍八風에 움직이지 않는 것이다'라고 했다.

여기서 팔풍八風이란, 이로움과 손실, 헐뜯음과 영예로움, 칭찬과 비웃음, 괴로움과 즐거움을 말한다. 선정이란 앉아서 잡념 없이 본성을 보는 것인데, 그보다 더 중요한 것은 온갖 경계에 동요됨이 없어야 한다. 그래야만 참 정을 얻었다 할 수 있다.

그러므로 예로부터 천만 부처가 나타나 나를 칭찬하여도 마음의 동요가 없고, 온갖 마구니가 나타나 나를 괴롭혀도 마음의 동요가 없는 경지야말로 진짜 정을 얻은 경지라 했다.

이처럼 밖의 온갖 유혹을 보고도 안으로 마음이 산란하지 않은 것이 선정이니, 밖으로는 모든 관계로부터 자유롭고, 안으로는 마음의 헐떡거림이 없어야 한다.

다시 말해, 밖으로는 부귀영화와 희로애락에 끌리지 않아야 하고, 안으로는 온갖 번뇌를 멈출 줄 알아야 한다. 참선 수행을 해서 선정을 얻지 못하면 지혜를 얻지 못하고, 지혜를 얻지 못하면 그 수행은 헛일이 되고 만다. 수행을 할 때 선정을 얻는 것이 가장 시급하고 중요한 것은 이 때문이다.

좌선을 하는 가장 중요한 이유가 바로 여기에 있다. 참선은 행하고, 머물고, 앉고, 눕고, 말하고, 침묵하고, 움직이고, 고요함에 머무는 것에 있어 한결같아야 하지만 이를 위해서는 먼저 좌선을 통해 선정을 얻어야 한다. 그러므로 우리는 늘 방석 한 장 위에 스스로 몸을 묶고 마음을 묶어야 하는 것이다.

내 안에 들어 있는
지혜의 구슬 찾기

안선정려安禪靜慮란, 좌선해서 안주하여 고요히 사유한다는 뜻인데 안선安禪은 마음을 가라앉혀 좌선하는 것을 말하고, 정려靜慮란 고요히 사유한다는 뜻이다. 여기서 정靜은 움직임 없이 고요함을 말하니 곧 지止의 뜻이 있고, 려慮는 고요한 자리에서 생각한다는 뜻이니 곧 관觀의 뜻이 있다. 따라서 정려의 의미는 참선의 본질이 된다.

참선이란 자기의 좁은 생각에 얽매이지 않고, 관념과 지식에 얽매이지 않으며, 탐욕과 성냄과 어리석음이 없고, 흔들리지 않는 마음으로 생각하는 것이니 고요히 생각하는 힘이 깊어져야 삿된 생각이 사라져 진실이 드러난다. 그리하여 선을 수행하는 사람의 일상생활이란 언제나 자신의 부족함만 보이고 다른 사람의 허물은 보이지 않아야 하는 것이니 그래야만 비로소 안정을 얻기 시작했다고 할 수 있다.

물속에 빠뜨린 구슬을 찾으려면 물결이 고요해야 한다. 여기 구정물이 한 그릇 있다. 이 물을 맑게 하려면 어떻게 해야 할까?

만약 물을 맑게 하겠다고 휘저으면 물은 점점 더 탁하게 될 것이고, 그 물속에 있는 어떤 것도 보이지 않게 될 것이다.

물을 맑게 하려면 가만히 두어야 한다. 가만히 두면 물결이 고요해지면서 온갖 티끌이 가라앉고 물은 점차 맑고 깨끗해진다. 이렇게 되어야만 물속에 빠뜨린 구슬을 찾을 수 있다. 이것이 바로 멈춤의 도리이다. 가만히 둔다는 것은 동요하지 않는 것을 의미하니, 동요가 없는 것이 바로 멈추는 경지이다. 누가 칭찬해도 동요가 없고, 욕을 해도 동요가 없는 그런 상태를 말한다.

물결은 사람의 탐욕과 번뇌를 비유한 것이다. 그리고 구슬은 내 안에 들어 있는 지혜를 뜻한다. 탐욕과 번뇌가 많으면 점점 어리석게 되어 지혜는 더욱 드러나지 않는다. 탐욕과 번뇌가 사라진 뒤에라야 지혜가 그 모습을 보이듯, 모든 움직임이 사라져 물이 맑아져야 물 밑까지 모두 볼 수 있다.

이처럼 내 안에 들어 있는 지혜의 구슬을 찾기 위해서는 멈추어 가만히 바라보는 시간이 필요하다. 그리하여 온갖 티끌이 가라앉게 해야 한다. 티끌이 가라앉아 자신의 참된 모습을 바라볼 수 있는 것, 이것이 바로 선정이다.

: 지혜가 가져다주는 자유로움 :

세상 모든 사람들이 손가락질하는 사람이라고 해도 자기에게 잘해주면 그 사람이 싫지 않은 것이 사람 마음이다. 반대로 세상 모든 사람들이 훌륭하다고 칭찬하는 사람이지만 만나기만 하면 자신을 야단치고 비난하면 그 사람을 좋아할 사람은 없다.

우리는 끊임없이 누군가를 좋은 사람 또는 나쁜 사람으로 판단하며 살지만, 따지고 보면 그 판단의 근거가 되는 것은 '자기에게 어떻게 해주는가'인 경우가 많다. 그래서 '세상에서 가장 좋은 사람이란 자기에게 잘해주는 사람'이라는 말이 있는 것이다. 이처럼 우리는 늘 선입견과 자기만의 잣대로 다른 사람을 바라본다. 거기에서 분별심이 나와 좋아하고 싫어하는 마음이 생기고,

그 결과 괴로움에 빠지게 된다. 싫어하는 사람을 봐야 하는 괴로움과 좋아하는 사람을 보지 못하는 괴로움이 그것이다.

그렇다면 처음부터 싫어하고 좋아하는 분별심을 갖지 않는다면 괴로움은 생겨나지 않을 것이다. 싫어하는 사람을 봐서 생기는 괴로움이 없으니 싫어하는 사람을 피할 이유가 없고, 좋아하는 사람을 보지 못해서 생기는 괴로움이 없으니 좋아하는 사람에게 집착할 이유가 없다. 피할 필요가 없고 집착하지도 않으니 이것이 곧 자유로움이다.

분별심을 내려놓게 하는 것이 참선 수행이니, 참선이 우리를 자유롭게 한다는 것은 이를 두고 하는 말이다.

안선정려
安禪靜慮

故로 圓覺經에 云無碍淸淨慧는 皆依禪定生이라 하고, 法華經
에 云在於閑處하야 修攝其心하되 安住不動을 如須彌山이라
하니라.

그러므로 『원각경』에서는 '걸림 없는 청정한 지혜는 모두 선정에
의해 생기는 것이다'라고 하였고, 『법화경』에서도 '한적한 곳에서
머물러 그 마음을 닦아 편안하게 하되, 견고한 수미산과 같이 부동
해야 한다'라고 한 것이다.

부처는 무명無明(자아가 있다고 집착하는 무지의 상태)을 끊고 깨달음을 얻었다. 무명은 탐욕을 끊어야 없어지며, 탐욕은 사물을 올바로 바라봄으로써 끊어진다. 바로 보는 것은 생각이 하나로 모아져야 하고, 생각이 모이면 선정이 이루어진다. 그리고 선정에 의해 지혜가 생기므로 모든 보살의 청정한 지혜는 모두 선정에 의지해서 생긴다.

'한적한 곳에서 그 마음을 닦아 자비심으로 살피고 보호하되, 편안히 머물러 움직임 없기를 수미산같이 해야 한다'는 말은 안선정려安禪靜慮가 깨달음의 길임을 거듭 강조한 것이니, 참선이란 지혜를 여는 중요한 문이며, 지혜란 선정에 의해서만 얻어진다는 것을 잊어서는 안 됨을 말하고 있다.

참선 수행의 본래 목적은 생사해탈生死解脫에 있고, 눈에 보이는 세계의 이치를 깨닫는 데 있다. 눈에 보이는 세계의 이치를 깨닫는다는 것은 우리가 살아가는 현실 세계의 이치를 깨닫는 것을 말한다. 지옥의 늪에서 빠져나올 기약이 없는 중생에게 한 가닥 줄이 되어주는 도리, 곧 눈에 보이는 세계의 이치를 깨닫는 데 있다. 이는 현실 세계를 사는 가장 올바른 길을 열어주는 요술문이다.

그동안 우리는 참선에 대한 올바른 인식 없이 불립문자不立文

字(깨달음은 마음에서 마음으로 전하는 것이니 언어나 문자에 의지해서는 안 된다는 말)만을 고집해 왔기 때문에 수많은 인재들이 공부해야 할 시기를 놓쳐 오히려 현실 사회의 지식에도 미치지 못하고 자긍심 만 강한 비현실적 모순에 처했던 것이 사실이다. 그러나 그것은 참선이 잘못된 것이 아니고 참선하는 사람들이 잘못된 것이다.

의문이 풀릴 때까지
참구하고 참구하다

참선이란 이 세상에서 지식으로는 더 이상 알 수 없을 때, 풀어 야 할 사무친 의문을 어느 곳에서도 해결할 수 없을 때 하는 것이 다. 세상에서 배울 수 있고 해결할 수 있다면 무엇 때문에 참선을 통해 배우고 해결하려 하겠는가? 지식이 보편화되고 문화가 평 준화되어 가고 있는 현대에 우리는 보편화된 지식을 뛰어넘는 지 식이 필요하고, 모든 세상이 우러러보는 문화가 필요하다.

의문이 풀릴 때까지 참구하고 참구하는 습관, 한 번 참구하면 밤낮을 잊고 모든 것을 잊는 습관, 꾸준하기가 시작과 끝이 한결 같은 지구력, 세상의 어떠한 상황에서도 흔들리지 않는 마음이 참선을 수행하는 마음이다. 이러한 참선 수행을 통해서만이 최상의 지혜를 얻고 삶과 죽음의 관문에서 벗어날 수 있다.

참선을 통해서 경험하게 되는 선정의 의미가 이미 그러하고 선정이 우리에게 주는 열매가 그러하다면, 참선의 뜻을 올바로 인식하고 참선 수행을 올바로 했느냐가 문제이지 참선 그 자체에는 추호의 시비도 붙여서는 안 될 것이다.

붓글씨를 쓰는 사람이 자기가 쓴 글씨에 만족하기 시작하면 바로 오만해져 더 이상 향상될 수가 없고 오히려 금방 한계에 부딪치고 만다. 그러나 쓰고 또 써도 자신의 글씨에 부족함이 보이고 모자람이 느껴지면 계속해서 향상될 수 있다. 이렇듯 참선하는 사람도 늘 자신의 허물이 보이고 부족함이 느껴진다면 계속해서 수행의 고삐를 늦추지 않게 된다.

: 발랄하지만 소란스럽지 않고
경쾌하지만 경거망동하지 않는다 :

유머 감각이 있는 사람이 되는 것은 좋지만 수다스러운 사람이 되어서는 안 될 것이다. 마찬가지로 발랄한 것은 좋지만 소란스러워서는 안 될 것이고, 경쾌하지만 경거망동해서는 안 될 것이다.

수다스럽고, 소란스럽고, 경거망동하는 것은 모두 생각이 흩어져 있기 때문에 벌어지는 현상으로, 눈에 보이는 모든 것에 반응하다 보니 그렇게 되는 것이다. 이것은 마치 철없는 어린 아이가 눈에 보이는 대로 사 달라고 조르고, 생각나는 대로 말하는 것과 같다.

참선은 마음을 다스리는 것이고, 마음을 다스릴 줄 아는 사람은 그 다스림의 힘이 몸으로 나타나게 된다. 그리하여 부드럽지만 약하지 않고, 유머스럽지만 수다스럽지 않으며, 늘 즐겁지만 소란스럽지 않게 되는 것이다. 이것을 우리는 귀격貴格이라 한다.

명동이나 서울역에 가면 자신의 종교를 믿으라고 소리치며 다니는 사람들이 있다. 그 소리를 듣고 얼마나 많은 사람들이 그 종교를 믿게 되는지 모르겠지만, 비록 믿는 사람이 생긴다고 해도 그 사람은 스스로 자신의 종교의 품격을 떨어뜨리는 사람이다. 많은 사람들이 그 사람을 피하거나 눈살을 찌푸리는 것만 봐도 그렇다.

그런데 그 사람이 길거리에서 그렇게 소리를 지르는 것이 아니라 스스로 착하게 살고, 정의롭게 살고, 주변 사람들과 잘 어울리고, 그러면서도 늘 행복하고 온화하게 산다면, 그래서 그 사람과 함께 있으면 늘 즐겁고 행복하다면, 그리하여 많은 사람들이 당신이 믿는 종교가 도대체 무엇이기에 그렇게 행복하고 멋지게 사느냐고 궁금해하며 다가가게 될 때, 그 사람은 자신의 종교의 품격을 한껏 드높이고, 자신의 귀격도 높이며, 그리고 자신이 믿는 종교를 다른 사람에게 전하는 데도 아주 효과적이 될 것이다.

참선도 바로 이와 같다. 스스로의 다스림으로 인해 그 좋은 기운이 다른 사람에게 퍼져 '당신이 한다는 그 참선을 나도 해보고 싶다'고 사람들이 말할 때, 스스로 품격을 높이게 되는 것이다. 이것이 귀격이다.

이러한 귀격의 완성은 혼자 있을 때 스스로를 잘 다스리는 것으로 마무리 된다. 참으로 홀로 된다는 것은 자기 자신과 마주할 때다. 이때 자기 자신을 속이지 않아야 한다. 그리고 자기 자신에게 예의를 차릴 수 있어야 한다. 이것이 귀격의 진정한 완성이다.

범부와 성인

是知超凡越聖은 必假靜緣이요, 坐脫立亡도 須憑定力이니라.

범부를 초월하고 성인을 뛰어넘는 것도 반드시 고요한 경계를 의
지해야 하고, 좌탈입망 하는 것도 반드시 선정의 힘에 의거한다는
것을 알아야 한다.

是 옳을 시	知 알 지	超 넘을 초	凡 무릇 범	越 넘을 월
聖 거룩할 성	必 반드시 필	假 거짓 가	靜 고요할 정	緣 연줄 연
坐 앉을 좌	脫 벗을 탈	立 설 립	亡 잊을 망	須 모름지기 수
憑 기댈 빙	定 정할 정	力 힘 력		

범부의 어리석음을 뛰어넘고 성인의 경지까지도 뛰어넘으며, 앉아서 죽고 서서 죽는 자유자재함을 보이는 것은 선정의 힘에 의해서만 가능하다. 그러므로 우리는 선정에 들도록 끊임없이 분발해야 하며, 나뿐만 아니라 모든 사람이 반드시 깨달음을 이루도록 마음으로 빌고 또 빌어야 한다.

범부와 성인의 근원은 하나

심하게 감기만 들어도 염불조차 잘되지 않는 것이 사람이다. 하물며 죽음에 이르러 앉아서 죽고 서서 죽는 것이 어떻게 마음대로 될 수 있을까? 그렇게 할 수 있다는 것은 결코 보통의 정신력이 아니다. 오직 선정에서만 가능하다.

그렇다면 누가 범부이고 누가 성인일까? 지금 농사꾼이라고 해서 영원한 농사꾼이란 법은 없다. 지금 장사꾼이라고 해서 영원한 장사꾼이란 법도 없다. 부자 또한 영원한 부자 없고, 권력 또한 영원한 권력은 없다. 그러므로 범부와 성인도 사실 그 근원이 하나임을 알 수 있다. 범부도 노력하면 성인이 될 수 있고, 성인도 삶에 게으름을 피우면 어느 순간 범부가 되고 만다.

범부는 왜 범부일까? 자제력이 없고, 지구력이 없고, 방탕하고, 환락적이고, 창의성이 없어 다른 사람이 하는 것을 보고 따라 움직이고, 남에게 끌려가기 때문에 범부이다. 범부의 마음은 버리기가 쉽지 않아 뜻을 세워보지도 못할 뿐 아니라, 혹 뜻을 세운다 해도 중도에서 실패하고 만다.

그렇다면 어떻게 하면 범부의 마음을 성인의 마음으로 바꿀 수 있을까? 그것은 범부의 마음 상태가 어떤 것인지 깨달을 때 가능하다. 범부의 마음은 자신을 노예로 만들고 고통을 받게 하는 무지한 마음이라는 것을 깨달아야 한다. 그것을 깨달을 때만이 범부의 마음을 성인의 마음으로 바꿀 수 있는 출발선에 설 수 있다. 그런 다음 성인의 마음이 되도록 하기 위해 공부하고 끊임없이 수행해야 한다.

작은 술잔으로 바닷물을 헤아리려는
어리석음을 경계하라

참선 수행이 없는 범부는 오직 오관에 의해 보고 듣고 아는 것을 자기 것으로 생각해서 짐작하고 계산하고 집착한다. 여기서 '짐작<ruby>酌<rt></rt></ruby>'이란 말은 작은 술잔으로 바다 전체를 헤아리려 하는 것으로 이보다 더 어리석은 것이 없다. 게다가 끊임없이 자신의 잣대와 관점에서 세상을 헤아리고 계산하기를 되풀이하기 때문에 아는 것 자체가 감정적이 되고 만다. 결국 나아가고 흘러가는 것이 이성적이지 못해 하는 일마다 집착하고 고집을 부리게 된다. 보고 듣지만 집착하지 않고 동요됨이 없으면 올바로 보고 올바로 생각해 성인의 길에 들어서게 되지만, 조금이라도 관념에 의하여 분별심이 일어난다면 그것은 곧바로 범부의 소견이 되고 만다.

그렇다면 성인은 왜 성인일까? 자제력이 있고, 지구력이 있고, 방탕하지 않고, 환락적이지 않고, 창의성이 있어 남을 따라 행동하지 않고, 자주성이 있어 모든 일을 스스로 하기 때문에 성인이다. 그러면 성인을 뛰어넘는다는 것은 무슨 뜻일까? 성인이 되고 나서 '나는 성인이다'라는 생각까지도 사라진 것을 말한다. 성인이라는 생각에 집착하게 되면 자유인이 되지 못하고, 그 사람은 이미 성인이 아니다.

이것이 수행하는 사람의 마지막 관문이다. 성인이 된 뒤, 성인이 된 자기 자신을 잊어버릴 줄 아는 사람만이 진정한 자유인이고 진정한 해탈인解脫人이다. 이와 같이 수행은 버리고 버려 깨달았다는 생각까지도, 성인이라는 생각까지도 버려서 더 이상 버릴 것이 없어야 진정한 수행이라 할 수 있다.

: 과거는 이미 지났고, 미래는 아직 오지 않았다 :

'자유롭지 않다'고 했을 때 그 까닭은 무엇인가에 얽매여 있기 때문이다. 감옥에 갇힌 사람은 자유롭지 못하다. 감옥에 얽매여 감옥을 벗어나지 못하기 때문이다.

감옥이 아니라 세상 한가운데 살면서도 자유롭지 못한 사람들이 있다. 그들이 자유로움을 느끼지 못하는 것은 여러 가지 것들에 얽매여 있기 때문이다. 이런 의미에서 범부란 더 많은 것에 얽매여 사는 사람들이고, 성인이란 그 무엇에도 얽매이지 않는 사람이다.

그렇다면 범부는 무엇에 얽매여 사는 것일까? 사람마다, 처지에 따라 얽매이는 것이 다를 수 있다. 그런데 그 모든 것을 한데 묶어 하나로 표현하면 '과거와 미래에 얽매여 사는 사람들'이라 할 수 있다.

얽매인다는 것은 무언가에 집착한다는 뜻이고, 그것은 기본적으로 욕망에서 비롯된다. 집착과 욕망을 둘러싸고 있는 것은 근심과 걱정이다. 무엇인가를 걱정한다는 것은 욕망이나 욕구가 이루어지지 않을까 하는 데서 오는 근심이요, 걱정이다.

그러므로 내가 자유로운 사람인가 그렇지 않은 사람인가를 알 수 있는 것은 내게 근심과 걱정이 있는가 없는가를 살펴보면 된다. 근심과 걱정이 많으면 얽매여 사는 사람이고, 근심과 걱정이 적으면 그만큼 자유로운 사람이다.

기억할 것은 집착과 욕망에 뿌리를 두고 있는 근심과 걱정이 실체가 없다는 사실이다. 어느 심리학자의 연구에 따르면, 사람들이 하는 걱정의 40%는 결코 현실에서 일어날 수 없는 것이고, 30%는 이미 일어난 일에 대한 걱정이며, 22%는 너무나 사소한 것들이라 걱정거리가 되지 않는 것이고, 4%는 우리 힘으로 어쩔 수 없는 것이라 걱정해도 아무런 도움이 되지 않고, 마지막으로 4%만이 진짜 걱정거리인데, 그것도 대부분 조그만 노력으로 충분히 바꿔 놓을 수 있는 것이라고 한다.

이렇듯 걱정이란 실체가 없는 것이며, 다만 자신 안에 도사리고 있는 집착과 욕망을 자극해 현실화시키기 위해 호시탐탐 노리는 우리 정신세계의 암적인 존재일 뿐이다.

그러므로 수행하는 사람들이 가장 경계해야 하는 것이 바로 근심과 걱정이다. 걱정이란 잘 생각해보면 지나간 과거에 대한 걱정이요, 오지 않은 미래에 대한 걱정이다.

진_眞과 망_妄

一生取辨이라도 尙恐蹉跎한데 況乃遷延이면 將何敵業이리요.

일생토록 취하고 가려도 오히려 잘못될까 두려운데 하물며 수행을
게으르게 한다면 장차 무엇으로 업을 대적하겠는가?

生 날 생	取 취할 취	辨 힘쓸 판	尙 오히려 상	恐 두려울 공
蹉 넘어질 차	跎 낙타 타	況 하물며 황	乃 이에 내	遷 옮길 천
延 끌 연	將 장수 장	何 어찌 하	敵 원수 적	業 일 업

취하고 가린다는 것은 진眞과 망妄을 가려 진은 취하고 망은 버린다는 뜻이다. 여기서 진은 진리를 말하고, 망은 어리석음이나 삿된 생각이다.

수행자들 중에는 온전한 삼매에 들지 못했는데도 조금 선정을 이룬 듯하면 이를 삼매로 착각하거나, 또 짐작으로 그럴싸하면 이치를 깨달았다고 잘못 여기게 되는 경우가 있다. 이를 막기 위해 진과 망을 가릴 수 있어야 함을 말하고 있는 것이다.

자신의 과거 삶에
책임을 지다

눈을 부릅뜨고 취하고 가려도 잘못되지나 않을까 두려운 것이 보통 사람들의 삶이다. 그런데 만약 수행자가 수행을 게을리하게 되면 어떻게 될까?

사람은 저마다 지난날의 업보를 갖고 있다. '지난 삶의 행적'이라 하면 쉽게 알아들을 수 있을 것이다. 이 업보는 전생의 업보일 수도 있고 현세의 업보일 수도 있다. 중요한 것은 이 업보에서 자유로운 사람은 아무도 없다는 사실이다. 다시 말해, 자신의 과거 삶에 대해 누구라도 책임을 져야 한다는 것이다. 그런데 이 '책임'이라는 것이 대부분 고통과 괴로움으로 나타난다. 그래서 인생이 고통이요 괴로움인 것이다. 이러한 삶의 굴레에서 벗어나게 해주는 것이 바로 수행이다.

사람의 일생이란 수행을 통해 중생의 업을 바꾸어 성인의 반열에 이르는 것이라 할 수 있다. 그리고 성인의 반열에 이른 뒤에는 그 성인의 경지까지도 뛰어넘어야 한다. 이것이 참으로 성인의 경지에 이른 것이라 할 수 있다. 이것을 무루법無漏法(번뇌를 완전히 떠난 법)이라 한다. 반대로 세상의 탐욕을 이루기 위하여 마음과 몸을 다 바치는 것을 유루법有漏法(번뇌를 더욱 발달시키는 것, 고집멸도에서 고집은 유루법이고 멸도는 무루법이다)이라 한다.

유루법에는 공동의 이익에는 마음이 없고 오직 자기 자신만을 위하는 마음만 가득하기 때문에 증애憎愛와 시비是非가 끊이지 않는다. 이러한 상황들은 모두 고통이니 진실로 고통에서 벗어나고자 한다면 유루법에서 벗어나 무루법에 이르러야 할 것이다. 그렇게 되어야만 범부의 좁은 소견에서 벗어날 뿐만 아니라 성인의 경지까지도 뛰어넘게 된다. 이 모든 것을 가능하게 해주는 힘이 선정에서 나온다.

: 피리 안에는 소리가 없다 :

피리를 불면 아름다운 소리가 난다. 피리의 구멍을 어떻게 막느냐에 따라 그 소리는 여러 가지로 달라지기도 한다. 그렇다면 그 아름다운 소리는 어디에서 오는 것일까? 피리 속에 그 소리가 들어 있다가 밀려 나오는 것일까? 하지만 아무리 들여다보아도 피리 속에는 아무것도 없다.

사람의 마음도 이와 같다. 착한 사람 마음속에 착한 마음이 들어 있고 나쁜 사람 마음속에 나쁜 마음이 들어 있는 것이 아니다. 마음은 본래 정해져 있는 것이 아니기 때문에 빈 피리와 같이 텅 비어 있을 뿐이다. 다만 내 마음에 들어온 바람(여기서는 자극이 될 것이다)에 어떤 반응을 하느냐에 따라 서로 다른 소리를 낼 뿐이다.

눈으로 보는 것, 귀로 듣는 것, 온몸으로 느끼는 것은 마치 피리 속으로 들어오는 바람과 같다. 바람에 반응해 피리가 소리를 내듯, 마음도 보고 듣고 느끼는 것에 어떻게 반응하느냐에 따라 좋은 마음이 되기도 하고 나쁜 마음이 되기도 한다.

그렇다면 피리 구멍에 먼지가 쌓이게 되면 어떻게 될까? 아무리 잘 불어도 아름다운 소리를 내지 못할 것이다. 이때는 피리를 잘 청소해주어야 한다. 사람의 마음도 이와 같다. 본래 사람의 마음은 피리처럼 좋은 마음과 나쁜 마음을 따로 갖고 있지 않지만, 그 마음에 먼지가 쌓이면 보고 듣고 느끼는 것을 왜곡하게 된다. 그렇게 되면 피리가 엉뚱한 소리를 내는 것처럼 사람의 마음도 엉뚱하게 반응하게 된다.

피리를 청소하듯 마음도 청소해야 한다. 마음 안에 쌓이는 먼지 가운데 대표적인 것이 탐욕과 어리석음, 분노다. 이러한 먼지가 마음에 가득하면 보고 듣고 느끼는 것에 왜곡이 일어나기 쉽다. 그러므로 자주 먼지를 털어내야 한다. 이것이 참선이다.

먼지란 털고 또 털어도 날마다 쌓이므로 수행은 하루도 게을리해서는 안 된다. 수행을 게을리하는 순간, 탐욕과 분노와 어리석음이라는 먼지가 마음에 쌓여 아름다운 소리 대신 날카롭고 듣기 거북한 소리를 내고 만다.

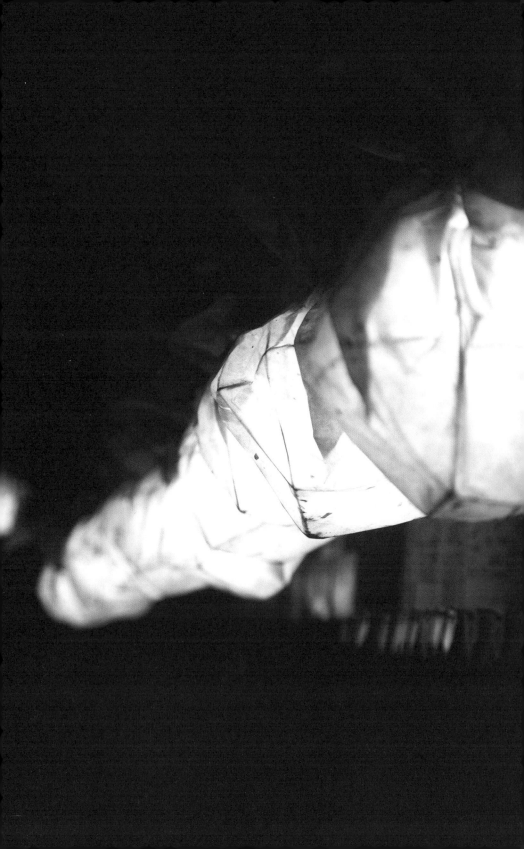

제행무상 諸行無常

故로 古人이 云若無定力이면 甘伏死門이요 掩目空歸면 宛然
流浪이라 하니 幸諸禪友여 三復斯文이면 自利利佗하야 同成
正覺하리라.

그러므로 옛사람이 말하기를 '만약 선정력이 없다면 죽음의 문에
기꺼이 항복할 수밖에 없고, 눈앞이 캄캄하여 갈팡질팡 헤매게 될
것이다'라고 하였으니, 바라건대 모든 참선 수행자들이여, 이 글을
세 번 되풀이하여 읽으면 자신에게도 이익이 되고 다른 모든 이에
게도 이익이 되어 다 함께 깨달음을 이루게 될 것이다.

故 연고 고	古 옛 고	人 사람 인	云 이를 운	若 같을 약
無 없을 무	定 정할 정	力 힘 력	甘 달 감	伏 엎드릴 복
死 죽을 사	門 문 문	掩 가릴 엄	目 눈 목	空 빌 공
歸 돌아갈 귀	宛 완연 완	然 그럴 연	流 흐를 유	浪 물결 랑
幸 다행할 행	諸 모든 제	禪 고요할 선	友 벗 우	三 석 삼
復 돌아올 복	斯 이 사	文 글월 문	自 스스로 자	利 이로울 리
佗 다를 타	同 같을 동	成 이룰 성	正 바를 정	覺 깨달을 각

모든 일에는 끝맺음이 중요하다. 사람이 살아가는 과정이 중요한 만큼 마지막의 임종 또한 중요하다. 살아가는 과정은 임종으로 이어지고, 임종은 내세로 이어지는 관문이기 때문이다.

사람이 가장 싫어하는 것은 감옥에 가는 것과 죽음일 것이다. 그러나 감옥은 죄를 짓지 않으면 가지 않지만 죽음은 누구도 피할 수 없다. 이러한 사실을 알면서도 죽음에 대해 준비하지 않는 것이 보통의 사람들이다. 감옥에 가지 않기 위해서는 죄를 짓지 않아야 하듯이, 죽음을 잘 맞이하기 위해서는 많은 준비가 필요하다.

도대체 죽음이란 무엇일까? 내 몸이라고 여기는 몸뚱이에 눈, 귀, 코, 입, 촉감이라는 다섯 가지 감각기관이 있고, 이를 총괄하는 의식이 있다. 이를 일러 여섯 가지 감각기관이라 하여 육근六根이라 한다. 곧 삶이란 눈으로 보고, 귀로 듣고, 코로 냄새 맡고, 입으로 맛보고, 부딪쳐서 촉감으로 알고, 의식으로 분별하는 작용을 쉬지 않고 하는 것이라 할 수 있다.

그러나 깊이 잠이 들면 육근은 일시에 정지되고 만다. 그렇다고 사람이 죽은 것은 아니다. 육근은 정지되지만 꿈꾸는 의식인 잠재의식, 예지의식이 남아 있기 때문이다. 이러한 의식을 일곱 번째 감각기관, 곧 7식七識이라 부르고, 산스크리트어로는 '말나

식'이라 한다. 이 7식까지 모두 정지되고, 모든 식識의 근원으로 8
식인 아뢰야식阿賴耶識이 완전히 떠난 때를 죽음이라 한다.

존재하는 모든 것은 무상하다

죽는 순간 그 사람이 어떤 상태를 유지하는가에 따라서 불교
는 다음생이 결정된다고 본다. 따라서 임종을 어떻게 하는가는
무척 중요하다. 이 때문에 옛 수행자들은 반드시 임종할 곳을 가
렸고, 임종할 때를 미리 알아 임종 모습을 남에게 보이지 않을 수
있었던 것이다.

이렇듯 선정의 힘은 임종도 마음대로 할 수 있는 힘이 있으니,
살아 있을 때는 몸과 마음을 다스릴 줄 알아 탐욕에 얽매이지 않
고, 풀어야 할 의문이 있으면 풀고자 하지 않아도 저절로 풀리게
할 수 있다. 이러한 선정에 들 수 있는 참선만이 관행과 관습에
젖은 나를 버리고 철저한 무아無我의 경지에 이르러 최상의 지혜
를 얻고, 마침내 삶과 죽음을 다스릴 수 있게 하는 공부라 할 수
있다.

불교에서는 생사대사生死大事라 하여 삶과 죽음의 문제가 다른 어떤 것보다도 중요하다고 본다. 만약 삶과 죽음의 문제를 해결하고자 하는 강한 의지가 없었더라면 부처는 결코 왕궁을 버리고 출가하지 않았을 것이다. 그러므로 불교의 수많은 수행과 가르침은 모두 삶과 죽음의 문제를 해결하는 데 초점을 맞추고 있다 해도 지나치지 않는다.

일반적으로 삶과 죽음이란 한 사람이 태어나서 죽기까지의 일생을 뜻하나, 불교에서 말하는 삶과 죽음이란 윤회와 같은 의미로 쓰이고 있다. 삶과 죽음이란 태어나서 죽기를 거듭하는 것으로서 열반涅槃의 반대 개념이기 때문이다. 불교는 삶과 죽음을 불가피한 현실로서 철저하게 알아차리는 것에서 출발한다. 그러므로 생겨난 것은 반드시 없어진다는 '생자필멸生者必滅'과 존재하는 모든 것은 무상하다는 '제행무상諸行無常'은 죽음을 불가피한 현실로 인식한 대표 사상이라 하겠다.

생로병사生老病死와 생겨나고 머물고 변화하고 사라지는 것, 또 생성되고 존속되고 무너지고 소멸하는 것은 모두 우주 만물의 법칙이다. 이처럼 몸과 세계는 물론 마음조차도 변하지 않는 것이란 없다. 그리고 그 가운데서도 삶과 죽음은 인간의 일생을 이끄는 커다란 명제임이 분명하다.

「좌선의」는 이 글을 세 번 되풀이해서 읽으라는 말로 마무리하고 있다. 이 말은 단지 세 번 읽으라는 것이 아니라, 그 가르침을 실천 하라는 간절한 당부를 뜻한다. 이런 간절하고 자상한 가르침을 마음 깊이 새겨 반드시 참선 수행의 마음을 일으켜 선정을 닦아야 할 것이다.

: 둥지를 떠나는 새처럼 단박에 :

    비행기는 이륙과 착륙을 할 때가 가장 위험하다고 한다. 그 중에서도 더 위험한 것이 이륙이라고 한다. 착륙은 상황이 좋지 않으면 여러 번 시도할 수도 있고 만약 그래도 착륙이 어렵다면 다른 공항으로 갈 수도 있지만, 이륙을 위해 활주로를 내달린 비행기는 하늘로 날아오르는 것 말고는 달리 선택할 것이 없다고 한다. 그러므로 이륙 실패는 곧바로 사고로 이어진다. 조종사들이 이륙 때 긴장하는 것은 이 때문이다.

    이륙의 긴장감을 느낄 수 있는 또 다른 곳이 새둥지다. 새끼 새들은 어미가 물어다 주는 먹이를 먹고 무럭무럭 자란다. 그러다가 날 때가 되면 어느 순간 둥지에서 날아오른다. 새들은 평지에서 나는 연습을 한 뒤 안전하게 날 수 있는 것을 확인한 다음 둥지를 떠나 날아오르지 않는다. 때가 되면 단박에 둥지를 박차고 날아 올라간다. 마치 활주로를 내달린 비행기가 날까 말까를 고민하지 않듯이 말이다.

어제까지 살아온 삶의 방식이 잘못된 것이라는 깨달음을 얻었다면 오늘 당장 바꾸어야 한다. 그렇지 않고 미련을 갖게 되면 비행기가 하늘을 날지 못하듯, 새가 둥지를 박차고 날아오르지 못하듯 삶의 변화는 기대할 수 없다. 많은 사람들이 참선을 하고도 참된 깨달음에 이르지 못하고 진정한 자유로움을 얻지 못하는 것은 하늘을 날겠다고 하면서도 여전히 땅바닥에 다리를 대고 있기 때문이다.

둥지를 떠나지 못하는 새는 자유롭게 하늘을 날 수 없다. 하늘을 날지 못하면 참된 자유도, 세상이 얼마나 넓고 아름다운지도 모르게 된다. 용기와 믿음을 갖고 단박에 둥지를 날아오를 수 있는 그런 결단력이 우리에게는 필요하다.

자비관

(慈悲觀, Metta)

만일 내가 다른 사람에게 몸으로, 입으로, 생각으로 상처를 주었다면
내가 평화롭고 행복하게 살 수 있도록 용서받기를 원합니다.

또한 누군가가 나에게 몸으로, 입으로, 생각으로 상처를 주었다면
그들이 평화롭고 행복하게 살 수 있도록 용서합니다.

내가 안락하고 행복하고 평화롭기를 기원합니다.
내가 안락하고 행복하고 평화롭기를 기원하는 것처럼
모든 존재들이 안락하고 행복하고 평화롭기를 기원합니다.

내가 악의와 분노와 성냄으로부터 벗어나기를 기원합니다.
내가 악의와 분노와 성냄으로부터 벗어나기를 기원하는 것처럼
모든 존재들이 악의와 분노와 성냄으로부터 벗어나기를 기원합니다.

내가 모든 고통과 괴로움에서 벗어나기를 기원합니다.
내가 모든 고통과 괴로움에서 벗어나기를 기원하는 것처럼
모든 존재들이 모든 고통과 괴로움에서 벗어나기를 기원합니다.

내가 평화롭고 행복하게 살기를 기원합니다.
내가 평화롭고 행복하게 살기를 기원하는 것처럼
모든 존재들이 평화롭고 행복하게 살기를 기원합니다.

우리가 닦은 보시·지계·수행의 공덕을 모든 존재들에게 회향합니다.
모든 존재들과 이 공덕을 나누어 행복하고 평화롭기를 기원합니다.

좌선의   천 년을 이어 온
마음 수련법

초판 1쇄 찍음 2018년 4월 5일
초판 1쇄 펴냄 2018년 4월 10일

지은이 혜거 스님
펴낸이 김선영
펴낸곳 책으로여는세상

출판등록 제2012-000002호
주소 (우)476-912 경기도 양평군 강상면 강상로 476-40
전화 070-4222-9917, 031-772-2125 | **팩스** 0505-917-9917 | **E-mail** dkahn21@daum.net

ISBN 978-89-93834-49-9(03220)

책으로여는세상
좋·은·책·이·좋·은·세·상·을·열·어·갑·니·다

이 도서의 국립중앙도서관 출판시도서목록(CIP)은 서지정보유통지원시스템 홈페이지(http://seoji.nl.go.kr)와
국가자료공동목록시스템(http://www.nl.go.kr/kolisnet)에서 이용하실 수 있습니다. (CIP제어번호 : CIP2018009309)